仕事の「質」と「スピード」が劇的に変わる

高速

The "Quality" and the "Speed" of your PC work
will change dramatically.

パソコン
仕事術

黒川希一郎

SOGO HOREI PUBLISHING CO., LTD

はじめに

いきなりですが、文字変換をするときに以下のようにすると、見やすくはないでしょうか?

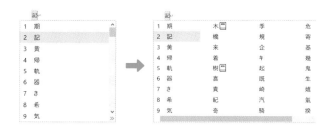

たった1つのキーを押すだけで、このように一度に確認できる変換候補が増えるのです。こういったちょっとしたテクニックを知っているだけで、仕事が効率よくなるケースがたくさんあります。

本書では、**誰でも使えるパソコンの小ワザ、すぐに使える仕事の管理方法、初心者にもできて仕事のスピードが格段に上がる簡単なプログラミング**を紹介しています。

私は製造業の会社で特許の出願管理や調査などを担当しているサラリーマンです。今年で14年目。ずっと一人でこなしてきました。

そんな私が仕事の効率化を目指すきっかけとなったのは「**お前ヒマそうだな**」という上司の言葉でした。特許の仕事は精神的に疲れるので休み休み行っていたのですが、それが目についたようです。それ以降どんどん雑用を任されるようになり、気が付けば特許担当なのか雑用担当なのかわからないほどになっていました。

そんな中、私は特許の調査中に腱鞘炎になってしまいました。1日に1万回以上もクリックするので当然なのかもしれません。もうダメだと思ったそのときです。パソコンを自動化してしまおうと思い立ちました。

「いや、上司に相談するのが先でしょ？」と思うかもしれませんが、当時の私にはどう言えばいいのかわからず、自力で解決することにしたのです。幸い私にはプログラミングの経験が少しあったので、思い出しながらやってみたところ成功。代わりに自動でクリックしてくれるプログラムの完成です。おかげで腱鞘炎から解放されました。

　それからは仕事を効率化することに興味を持ち、いろいろと調べて試した結果、仕事を短時間でこなせるようになりました。その結果として、仕事を時短化するには以下の３つがポイントだと考えました。

・ショートカットキーなどの小ワザを使いこなすこと
・仕事管理を工夫し、過去の仕事の検索性を上げること
・単純な事務作業はプログラムにやってもらうこと

　どれをとっても仕事のスピードを格段に上げてくれるテクニックです。本書では、Windows や Word、Excel などで使える効率化テクニックとともに、仕事が速いビジネスパーソンだけが知っている仕事管理法を紹介しています。

　また８章では、プログラミングによるパソコンの自動化についても解説しています。「プログラミング」というと抵抗感を覚える方もいるかもしれませんが、本書の解説どおりに実行すれば初めての方でも簡単に扱うことができます。

　いずれのテクニックも実際に私が行っている業務から生まれて昇華されたものですので、みなさんのパソコン仕事の時短化につながることは間違いないと思います。

Contents

》》 **1**章
Windows をキーボードで高速操作

≫ **2**章

文字入力はこんなにラクになる

≫ **3**章

Web検索テクニックで周りに差を付ける

Contents

≫ **4** 章

Excel は仕事効率化の最強アプリ

≫ **5**章

Word が驚くほど使いやすくなる

≫ **6**章

メール作成にかける時間を最短にする

Contents

≫ 7章

ファイル／フォルダーを
使いこなした仕事管理ワザ

⁜ **8** 章

面倒な仕事はプログラムに任せよう

本書をお読みになる前に

・本書は、2020 年 6 月現在の情報をもとに解説しています。アプリケーションのアップデートなどにより、情報は変更になる可能性がありますので、ご注意ください。また、お使いのパソコンや、OS のバージョンによって異なる動作をする可能性がございます。あらかじめご了承ください。

・本書の内容は、Windows 10、Microsoft 365、Google Chrome を例にしていますが、他のバージョンでも基本的な操作は同じです。

・本書の出版にあたっては正確な記述に努めましたが、本書の内容にもとづく運用結果に関しては、著者および出版社は一切の責任を負いません。あらかじめご了承ください。

・本書で紹介するテクニックに関するご質問は、下記のメールアドレスまでお問い合わせください。
info@kousoku-pc-shigotojutsu.com

1章

Windows を
キーボードで高速操作

　信じられないかもしれませんが、私はパソコンで仕
事をするときにはほとんどマウスを使いません。マウ
スは便利なのですが、キーボードから持ち替えなけれ
ばならず、その分仕事のスピードが落ちてしまいま
す。手を動かすのも面倒です。

　特に Windows は、マウスを使わずにキーボード
だけで操作できます。アプリの起動、終了、ウィンド
ウのサイズ変更などの操作がマウスよりも高速に、し
かも手軽にできるのです。

　その理由はキーの数。ほとんどのマウスには3つの
ボタンしかありませんが、キーボードには 80 以上の
キーがあります。また、マウスを使うには手や腕を動
かさなければなりませんが、キーボードは指を動かす
だけで操作できるのです。

　この章では、その具体的なテクニックを紹介してい
きます。

01

ファイルを素早く起動する

》》 必要なファイルが一瞬で見つかる

みなさんは普段仕事で使うファイルをどのように起動していますか？ ファイルといってもいろいろあります。例えばいつも使うExcel ファイル、昨日途中まで作成した Word ファイル……。それらを起動するのに毎回パソコン中を探していては大変です。そんなときに便利なのが**タスクバーのアプリから直接起動、もしくはタスクビューから起動する方法**です。

（1）アプリから起動する方法

画面下にアプリのアイコンが並んでいると思いますが、その**アイコンを「右クリック」**すればファイルの一覧が表示されます。これはファイルの履歴一覧です。この中からいつも使うファイルや、昨日使っていたファイルを選択すれば簡単にファイルを起動することができます。さらに**ピン留め機能を使えばピン留めされたファイルを履歴一覧の一番上に表示させることができます。**

（2）タスクビューを使う方法

この方法でもタスクバーの履歴一覧を表示できます。Excel やWord などいろいろなファイルの履歴をまとめて表示してくれるため、**タスクバーのようにアイコンを選ぶ必要がありません。**

私はパソコンを起動したらまず、タスクビューでいつも使うファイルと昨日使ったファイルを起動しています。このほうが手っ取り早いからです。画面下の**タスクバーの左側にあるアイコンをマウスでクリック**、もしくは **⊞** ＋ Tab を押せば、いつでもタスクビューを表示できます。

アプリから起動する

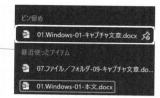

右クリック

タスクバーの Word アプリを「右クリック」して、ファイルの一覧を表示

昨日使ったファイルなどをすぐに起動できる

ファイルをピン留め（固定）する方法

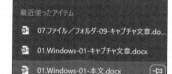

ファイルの一覧からよく使うファイルのピンをクリック

ピン留めファイルが常に一覧の一番上に固定されるようになる

タスクビューから昨日使ったファイルを起動

クリック

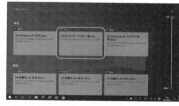

タスクビューをクリック、または ⊞ + Tab

昨日使っていた Word や Excel などのファイルを選択して起動できる

02

エクスプローラーを
一瞬で開く

≫ ⊞ ＋ Ｅ とクイックアクセス

ファイルやフォルダーは、必ずどこかのフォルダーの中に保存されます。

デスクトップのフォルダー、Dドライブの中のフォルダー、USBメモリーの中のフォルダー、いろいろあると思いますが、いずれにしてもそのフォルダーにアクセスするにはエクスプローラーを起動する必要があります。エクスプローラー？と思われるかもしれませんが、要はフォルダーです。画面下のタスクバーの中にあるフォルダーのアイコンがエクスプローラーという名前なのです。

エクスプローラーはすべてのフォルダーとつながっているので、フォルダーを探すときにはとりあえずエクスプローラーを起動しましょう。でも、その都度マウスでフォルダーアイコンをクリックするのは手間です。

そんなときはショートカットキーの ⊞ ＋ Ｅ を押せば簡単にエクスプローラーを開くことができるので便利です。

エクスプローラーを開いても目的のフォルダーに移動するには時間がかかります。そんなときは**クイックアクセス**を使います。クイックアクセスとは読んで字のごとく、すぐにアクセスすることができるフォルダーの集まりのことです。ここにはよく使うフォルダーが自動的に表示されます。いつも固定して表示されるようにピン留めすることもできますので、**よく使うフォルダーは「右クリック」してピン留めする**とよいでしょう。

フォルダー画面（エクスプローラー）を起動する

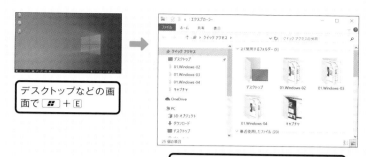

デスクトップなどの画面で ⊞ + E

フォルダー画面がいつでもすぐに起動。ここからいろいろなフォルダーにアクセスできる

よくアクセスするフォルダーはクイックアクセスにピン留め

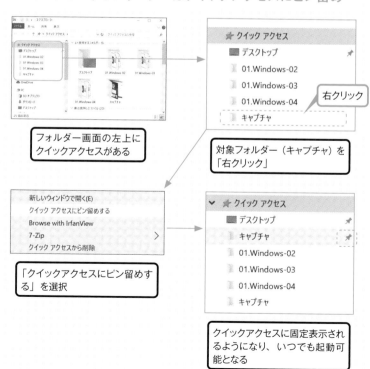

フォルダー画面の左上にクイックアクセスがある

対象フォルダー（キャプチャ）を「右クリック」

右クリック

新しいウィンドウで開く(E)
クイック アクセスにピン留めする
Browse with IrfanView
7-Zip
クイック アクセスから削除

「クイックアクセスにピン留めする」を選択

クイックアクセスに固定表示されるようになり、いつでも起動可能となる

03

画面を素早く切り替える

≫ Alt + Tab で切り替え

　仕事中にプライベートの調べ物をしていたら上司が近寄ってきたので、慌てて画面を Excel に切り替えて仕事をしているフリをする、なんて経験はないでしょうか？　それはきっとバレています。

　という話ではないですが、画面を切り替えるときはマウスでタスクバーにあるアプリのアイコンをクリックして、表示したい画面を選択していると思います。画面を切り替える作業は 1 日に何度も行うことでしょう。そんな作業を**いちいちマウスで選択していては手間**です。**ショートカットキーで切り替えると速くて便利**なので、2 つの方法を紹介します。

(1) Alt + Tab

　Alt + Tab を押すと現在使っているファイルやフォルダー、Webサイト、メールアプリなどの一覧が表示されます。そこから Alt を押したまま Tab を押して順次選択していきます。逆から選択したいときは Alt と Shift **を押したまま** Tab **を押す**ことで、マウスを使わなくてもすぐに切り替えることができます。ただ、Alt キーを離してしまうと切り替え画面は消えてしまいます。

(2) ⊞ + Tab

　⊞ + Tab でも同様にファイルやフォルダーが表示されますが、Alt + Tab に比べて Alt を離しても切り替え画面は残ったままなので、**ゆっくりと選択することができます**。

　ご自身に合った方法を選びましょう。

作業画面の切り替え方法 1

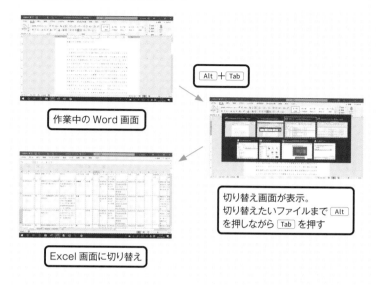

作業中の Word 画面

[Alt] + [Tab]

切り替え画面が表示。
切り替えたいファイルまで [Alt]
を押しながら [Tab] を押す

Excel 画面に切り替え

作業画面の切り替え方法 2

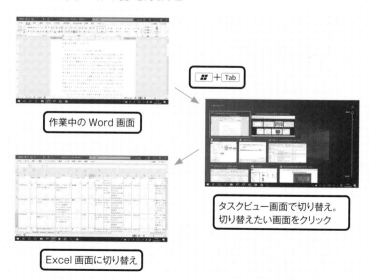

作業中の Word 画面

[⊞] + [Tab]

タスクビュー画面で切り替え。
切り替えたい画面をクリック

Excel 画面に切り替え

04

複数の「コピーアンドペースト」を一度に行う

》》 ⊞ + Ⓥ で選んで貼り付け

　例えば Web サイトで見つけた文章をコピーして Word ファイルに貼り付けるときは「コピーアンドペースト」を使います。ショートカットキーの Ctrl + Ⓒ でコピーし、Ctrl + Ⓥ でペースト。とてもよく使う機能なのですが、新たに別の文章をコピーすると上書きされてしまうため、前の文章を再びペーストしたくなったら、Web サイトに戻り文章をコピーすることになります。こんなとき、上書きされずに一度コピーした文章が残っていればいいのにと思ったことはないでしょうか？

　Windows10 ではそれができるようになっています。
コピーした文章の履歴が残って、選べるようになったのです。そうすることで複数箇所の文章をコピーし続けても上書きされることがなくなり、ペーストする際にはコピー履歴から文章を選んで貼り付けることができるようになりました。わざわざコピーし直す、といった手間が省けます。

　作業としてはペーストする際に ⊞ + Ⓥ を押します。
　もしうまくいかなかった場合はシステムの設定でクリップボードを選択し、クリップボードの履歴をオンにします。**設定画面は ⊞ + Ⓘ** で開きます。

複数コピーした文字列を選択して貼り付ける

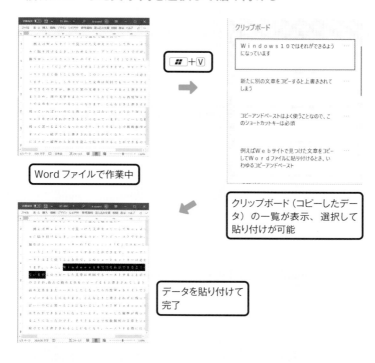

クリップボード

Windows10ではそれができるよう になっています

新たに別の文章をコピーすると上書きされて しまう

コピーアンドペーストはよく使うことなので、こ のショートカットキーは必須

例えばWebサイトで見つけた文章をコピー してWordファイルに貼り付けるとき、い わゆるコピーアンドペースト

Word ファイルで作業中

クリップボード（コピーしたデー タ）の一覧が表示、選択して 貼り付けが可能

データを貼り付けて 完了

複数コピーできるよう設定

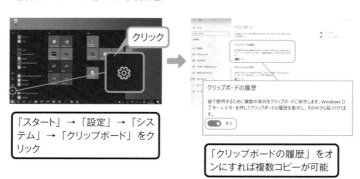

クリック

「スタート」→「設定」→「シス テム」→「クリップボード」をク リック

クリップボードの履歴

後で使用するために複数の項目をクリップボードに保存します。Windows ロ ゴキー + V キーを押してクリップボードの履歴を表示し、その中から貼り付けま す。

オン

「クリップボードの履歴」をオ ンにすれば複数コピーが可能

05

アプリや特定のファイルを 一発で起動する

5 min 短縮

》》 タスクバーやショートカットキーで起動

　みなさんも毎日何かと使うアプリがあると思います。例えば仕事中に電話対応をするとき、電話の内容を忘れないようメモすると思いますが、メモをパソコン上で行えると便利です。

　私はメモ帳をすぐに起動できるようにしています。昔からあるアプリですが、**起動に時間がかからないのですぐにメモができます**。

　起動方法は2つ。タスクバーにメモ帳をピン留めして起動する方法と、メモ帳のショートカットをデスクトップに保存して、ショートカットキーで起動する方法です。

（1）タスクバーから起動する

　スタートからメモ帳アプリを選び、「**右クリック**」で**ピン留めを選択**します。するとタスクバーにメモ帳アプリが固定されるので、起動したいときはこれをクリックするだけでできます。

（2）ショートカットキーで起動する

　デスクトップにメモ帳アプリのショートカットを作成し、ショートカットキーを設定すればできます。メモ帳のショートカットはスタートの中のメモ帳アプリから作成します。ショートカットを作成したらプロパティを開き、ショートカットキーの設定をします。自分で好きに設定できるのですが、Ctrl ＋ Alt ＋もう1つのキーが基本となります。私の場合は片手でできるよう、Ctrl ＋ Alt ＋ Z にしています。これによって右手で電話を取り、左手の指3本でメモ帳を起動することができます。この方法は特定のファイルやフォルダーを起動したいときにも使えます。

メモ帳アプリをすぐに起動する方法

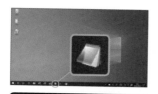

方法1:タスクバーのメモ帳アプリをクリックしてすぐに起動

方法2:メモ帳のショートカットからショートカットキーですぐに起動

方法1の設定手順　タスクバーへのピン留め

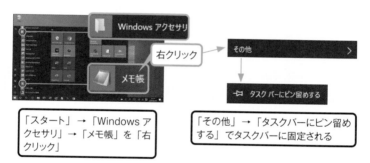

「スタート」→「Windowsアクセサリ」→「メモ帳」を「右クリック」

「その他」→「タスクバーにピン留めする」でタスクバーに固定される

方法2の設定手順　ショートカットキー Ctrl ＋ Alt ＋ Z で起動

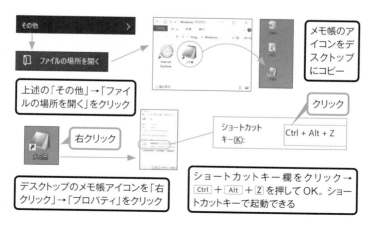

メモ帳のアイコンをデスクトップにコピー

上述の「その他」→「ファイルの場所を開く」をクリック

デスクトップのメモ帳アイコンを「右クリック」→「プロパティ」をクリック

ショートカットキー欄をクリック→ Ctrl ＋ Alt ＋ Z を押してOK。ショートカットキーで起動できる

06

横向きの画面表示を
縦向きにする

5 min 短縮

≫ 回転式ディスプレイ＋縦向き表示で作業効率アップ

パソコンの画面が縦長なら A4 の文書を 1 画面ですべて見られるのに……そんなことを思ったことはないでしょうか？ パソコンの画面は通常横長なので、PDF や Word の文書を開くと多くの場合下半分が切れてしまいます。タブレットなら向きを変えれば縦向きになるので便利ですが、パソコンでも回転可能なディスプレイにつなげれば縦向き表示が可能となり、**1 画面で文書全体を見ることができます**。

私は 24 型の回転式ディスプレイを使用しています。私の場合、仕事で特許の図面を大量に見るため、PDF や Web サイトで表示された図をパラパラ漫画のようにページをめくって見ていきます。このとき**ディスプレイを縦向きにしておくと、作業効率が非常によくなります**。もし横向きのままだと 1 ページを見るのにわざわざ下にスクロールしなければならず、このスクロール作業が何回も続くと非常に手間になるからです。またマニュアル作成時の**スクリーンショットも縦画面なら画面が切れずにできる**ので便利です。

ディスプレイはそのまま回転しても表示が横向きのままなので、表示画面を縦向きに設定する必要があります。ショートカットキーの Ctrl ＋ Alt ＋ ←（もしくは →）で画面が 90 度回転して縦向きとなり、横向きに戻すときは Ctrl ＋ Alt ＋ ↑ を押します。また、使いどころは不明ですが、Ctrl ＋ Alt ＋ ↓ で下向きになります。設定画面からでも向きの設定はできますが手間なので、これらのショートカットキーはぜひ覚えてください。

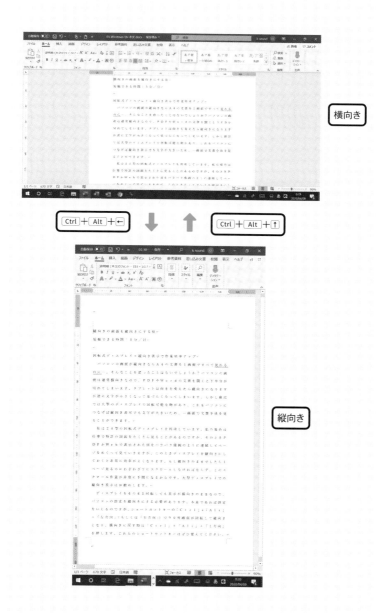

横向き

Ctrl + Alt + ←

Ctrl + Alt + ↑

縦向き

07

一瞬でデスクトップを
表示する

5 min 短縮

≫ 1日に何度も使う ⊞ + D

　デスクトップはパソコン作業のベースとなる画面です。パソコン
を起動すると最初に出てくる画面であり、ここに**ファイルを保存し
ておけばすぐに仕事に取り掛かれて便利**です。また、アプリをイン
ストールするとたいていはデスクトップにショートカットが作られ
るので、使う頻度が一番多い画面ではないでしょうか？

　そんな便利なデスクトップですが、フォルダーやファイルを開く
とその下に隠れてしまいます。パソコンはいろいろなファイルやフ
ォルダー、アプリを複数起動することができるので、気が付けば10
や20もの画面があふれ、デスクトップがこれらで埋もれてしまう
こともあるでしょう。

　そんなときにデスクトップにあるファイルやアプリを使いたいと
思ってもいろいろな画面が邪魔しているため、**開いているファイル
やフォルダーを1つずつ最小化していく必要がありますが、これは
非常に手間**です。

　そんなときはショートカットキーの ⊞ + D を使うと便利です。
**すべての画面が一気に最小化されるため、すぐにデスクトップにア
クセス**することができます。

　なお、ファイルやフォルダーは閉じられたのではなく最小化され
ただけなので、使いたいときは再度 ⊞ + D を押すと元の画面が開
きます。

一気にデスクトップを表示するイメージ

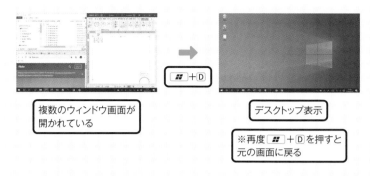

複数のウィンドウ画面が
開かれている

デスクトップ表示

※再度 ⊞＋D を押すと
元の画面に戻る

画面右下をクリックしても一気にデスクトップを表示可能

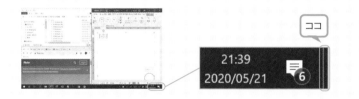

ココ

21:39
2020/05/21

タスクバーを「右クリック」でもデスクトップを表示可能

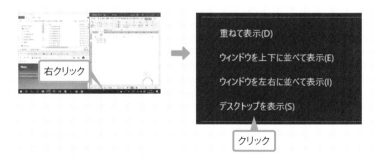

右クリック

重ねて表示(D)

ウィンドウを上下に並べて表示(E)

ウィンドウを左右に並べて表示(I)

デスクトップを表示(S)

クリック

08

マウスのスピードを
自分好みに変える

設定でマウス速度を調節する

突然ですが、マウスの速度に不満はないでしょうか？　ファイル
を別のフォルダーに移動しようとしたらポインターが届かなかった
とか、そんなことはないでしょうか？

ノートパソコンのマウスパッドだと、指で動かせる範囲が決まっ
ているのでよくあると思います。私はそうならないように、**設定で
マウスの速度を速くしています**。それだけでも仕事の効率がだいぶ
違ってくるのです。

ここから先はマウスパッドのテクニックの話になります。最近の
マウスパッドは単にマウスの代わりをするだけではなく、**スマホや
タブレットのように「ジェスチャ」機能を使っていろいろなことが
できます**。

例えば Google マップでおなじみの拡大と縮小では、二本の指で
広げると拡大となり、逆に狭めると縮小になります。**Windows でも
Word や Excel などでこのジェスチャを行うと同様の効果が得られ
るので、何かと便利**です。二本指で上下に移動すれば、画面を上下
にスクロールすることもできます。

三本指で使えるジェスチャもあり、Web サイト閲覧やフォルダー
画面で使えます。三本指で右から左に移動すると、ブラウザバック
や前のフォルダー画面に戻ることができます。逆に左から右に移動
するとブラウザバックする前の画面に戻ったり、フォルダーも同様
に元の画面に戻ったりするようになります。他にもジェスチャで使
えるワザはあるので、いろいろ試してみましょう。

マウスの速度設定

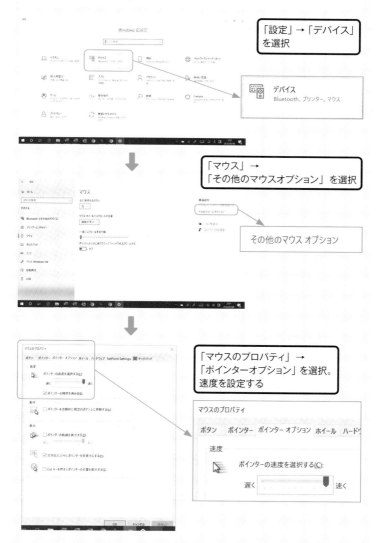

「設定」→「デバイス」
を選択

デバイス
Bluetooth、プリンター、マウス

「マウス」→
「その他のマウスオプション」を選択

その他のマウス オプション

「マウスのプロパティ」→
「ポインターオプション」を選択。
速度を設定する

マウスのプロパティ

ボタン	ポインター	ポインター オプション	ホイール	ハードウ

速度

ポインターの速度を選択する(C):

遅く　　　　　　　　　　　速く

09

アプリが固まってしまった ときの対処法

タスクマネージャーを起動して強制的に終了する

パソコンで作業中、何を押しても反応しなくなってしまった、ということはないでしょうか？　キーを打っても、マウスを動かしても反応しない、最終手段として主電源をオフにしたりコンセントを抜いて対処したり……。

シャットダウンをする前に、**1分くらい何も操作せずに待ってみましょう**。パソコンが動くことがあります。それでも動かない場合は、**タスクマネージャーを開いて確認**します。

タスクマネージャーは $\boxed{Ctrl}$ ＋ $\boxed{Shift}$ ＋ $\boxed{Esc}$ で起動します。作業中のアプリの一覧が表示され、停止中などと表示されますので、選択してタスクの終了をします。

タスクマネージャーを起動する方法は他にもあります。$\boxed{Ctrl}$ ＋ $\boxed{Alt}$ ＋ $\boxed{Delete}$ で表示される画面からタスクマネージャーを選択できます。またタスクバーの **Windows** マークを「右クリック」しても選択できます。

強制終了したあとのアプリ起動時、例えば Excel を強制終了したあとで起動してみると、画面左側にドキュメントの回復という項目が表示されます。いくつかのファイルが選択できるようになっているのですが、これは自動保存されているファイルです。Excel などでは、こういった予期しない終了に対してのバックアップとして、自動保存機能があります。ここから**最新の保存データを選択し、保存する**とよいでしょう。

アプリ画面が応答しなくなったときの対処法

x 2020-02-27-ファイル一覧 - Excel (応答なし)

ウィンドウ画面が固まり、そのうち画面が白くなって、「応答なし」のメッセージが左上に表示される

Ctrl + Shift + Esc

タスクマネージャーを起動。応答しなくなったファイルを選択して「タスクの終了」をクリック

🖥 タスク マネージャー ─ □ ✕

Google Chrome

🐝 IrfanView 64-bit

x Microsoft Excel (32 ビット)

w Microsoft Word (32 ビ...)

選択

強制終了後に再度ファイルを表示してドキュメントの回復

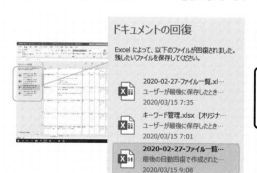

ドキュメントの回復

Excel によって、以下のファイルが回復されました。残したいファイルを保存してください。

2020-02-27-ファイル一覧.xl...
ユーザーが最後に保存したとき…
2020/03/15 7:35

キーワード管理.xlsx [オリジナ...
ユーザーが最後に保存したとき…
2020/03/15 7:01

2020-02-27-ファイル一覧…
最後の自動回復で作成された…
2020/03/15 9:08

画面左に複数のファイルが表示されるので、最新日時のファイルを選択して保存

10

パソコン画面を自由自在に
スクリーンショットする

10 min 短縮

≫ いろいろな撮り方を覚えればトリミングする
必要がなくなる

パソコンでの作業では、画面をスクリーンショットする機会も多くあると思います。例えばマニュアルを作成するときなどです。`Print Screen` を押せば画面全体を画像としてコピーでき、あとはペイントやWord に貼り付ければ完成です。

このスクリーンショット、画面全体ではなく選択したウィンドウだけを撮ることも可能。`Alt` ＋ `Print Screen` でできます。

さらに、任意の箇所や自由なサイズで撮りたいときは `⊞` ＋ `Shift` ＋ `S` を押します。この方法ならあとで画像を切り取る（トリミングする）必要がなくて便利です。

撮った画像を保存したいときはペイントなどのアプリに貼り付けて保存します。その際、ファイルの種類は **JPEG（ジェイペグ）を おすすめ**します。JPEG は写真でもよく使われる画像フォーマットで、データサイズが小さくて画像も綺麗です。

他にもスクリーンショットと同時にファイルに保存してくれる機能があります。ただ少し注意が必要です。

画面全体の画像をファイルに保存する場合は `⊞` ＋ `Print Screen` でピクチャフォルダーに保存されます。また、選択したウィンドウの場合は `⊞` ＋ `Alt` ＋ `Print Screen` でビデオフォルダーに保存されます。

注意点はそれぞれ保存場所が違うことと、ファイルの種類が PNG なのでデータサイズが大きくなってしまうことです。手っ取り早く画像ファイルに保存したい場合はこちらのほうが便利だと思います。

画面の一部分だけを自由にスクリーンショット

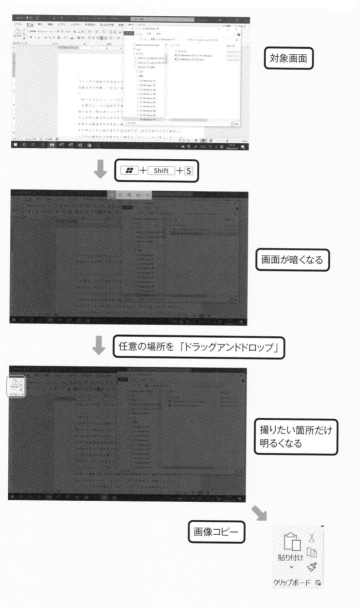

対象画面

⊞ + Shift + S

画面が暗くなる

任意の場所を「ドラッグアンドドロップ」

撮りたい箇所だけ
明るくなる

画像コピー

11

PDFのデータサイズを小さくする

10 min 短縮

PDFをPDFでプリント

PDFはどこでも使えるドキュメントファイルです。しかしデータサイズが大きくなりすぎてしまうこともしばしば。私は2MB以上になると大きいと思ってしまいます。ファイルのサイズが大きくなると、メールで添付して送るときに**メールアプリの処理速度が遅くなってしまう**からです。自分にとっても、受信する相手にとってもマイナスなので、私はなるべく**2MB以下**になるよう心がけています。

ではどのようにしてファイルサイズを小さくするのかというと、PDFをさらにPDFに印刷する方法があります。

PDFを開いたあとで印刷ボタンを押し、プリンターを「**Microsoft Print to PDF**」に選択します。この方法で印刷すると新たにPDFのファイルを作成することとなり、圧縮もしてくれるので**データサイズが半分ほど**になります。

また、元のPDFが複数ページあるなら印刷したいページだけを保存すれば、PDFを分割することもできます。

他にもオンラインで圧縮する方法もあります。Webサイトでは高性能なサービスも多く、圧縮率が80%以上なのに、圧縮されたのがわからないほど綺麗な見栄えのものもあります。

PDF圧縮で検索するといろいろなサイトがでてきますが、有料のサービスであれば**Adobe Acrobat DC**が有名です。他にも無料で圧縮できるWebサイトがありますが、情報の漏洩を防ぐためにくれぐれもセキュリティポリシーがしっかりしたところで行うことをおすすめします。

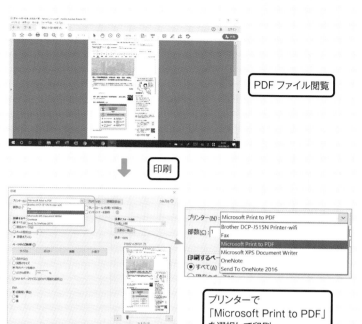

PDF ファイル閲覧

↓

印刷

プリンターで
「Microsoft Print to PDF」
を選択して印刷

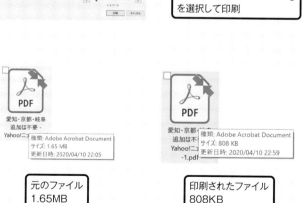

元のファイル
1.65MB

印刷されたファイル
808KB
約半分に圧縮成功

12

画像ファイルの
データサイズを小さくする

簡単に圧縮できる2つの方法

　最近のデジカメは高画質で写真を撮れるため、1枚当たりの画像ファイルのデータサイズが2MB以上になってしまうこともあります。右図の例の場合、画像ファイルは3024×4032ピクセルと必要以上に大きく、A4用紙1枚に綺麗な写真を印刷することができるレベルです。通常のパソコンディスプレイのサイズが1920×1080ピクセルなので、画面からはみ出てしまうほどです。

　たいていの仕事ではここまでのサイズは必要ないと思います。画像のサイズが大きすぎるときは、サイズを4分の1程度に縮小してデータサイズを**数百KB**まで小さくします。これでも十分に写真の中身を確認できますし、メールなどで送る際にも大した負荷にはなりません。ここでは画像サイズを小さくする方法を2つ紹介します。

（1）Wordでデータサイズを小さくする

　Wordに画像を挿入後にファイルを保存します。その際にツールで図の圧縮を選択し、**ファイルの種類をWebページ（＊html；＊htm）にします**。この状態で保存するとフォルダーが作成され、データサイズが小さくなった画像ファイルが保存されます。

（2）アプリでデータサイズを小さくする

　私の場合はアプリをダウンロードして使っています。「**リサイズ超簡単！Pro**」というアプリです。使い方は簡単で処理も速く、複数の画像のサイズをまとめて小さくすることもできます。詳しい使い方は下記のサイトをご参照ください。

　https://freesoft-100.com/review/resize_pro.php

Word を使って画像サイズを小さくする

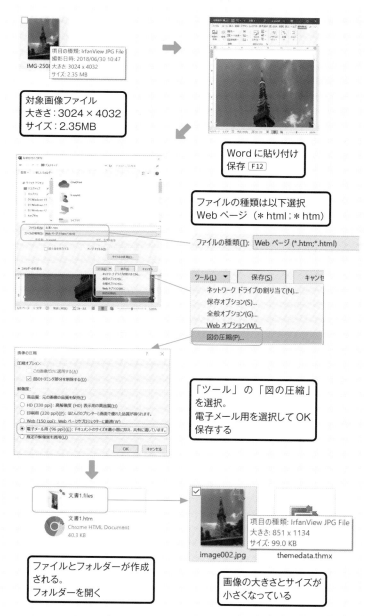

IMG-250(　　　　項目の種類: IrfanView JPG File
撮影日時: 2018/06/30 10:47
大きさ: 3024 × 4032
サイズ: 2.35 MB

対象画像ファイル
大きさ：3024 × 4032
サイズ：2.35MB

Word に貼り付け
保存 F12

ファイルの種類は以下選択
Web ページ（＊html；＊htm）

ファイルの種類(T): Web ページ (*.htm;*.html)

ツール(L) ▼ | 保存(S) | キャンセ
ネットワーク ドライブの割り当て(N)...
保存オプション(S)...
全般オプション(G)...
Web オプション(W)...
図の圧縮(P)...

「ツール」の「図の圧縮」
を選択。
電子メール用を選択して OK
保存する

文書1.files

文書1.htm
Chrome HTML Document
40.3 KB

ファイルとフォルダーが作成
される。
フォルダーを開く

項目の種類: IrfanView JPG File
大きさ: 851 × 1134
サイズ: 99.0 KB

image002.jpg　themedata.thmx

画像の大きさとサイズが
小さくなっている

35

13

ファイル、フォルダー、ブラウザをマウスなしで作成

5min 短縮

≫「新規作成」で覚えておきたい3つのショートカットキー

仕事では新しくファイルやフォルダーを作ったり、新たにWebブラウザを開いたりすることはよくあると思います。例えばOutlookでメールを新規作成する場合は、「新規作成」ボタンをクリックします。この作業が1日数回程度であれば大した手間ではありませんが、何度もクリックするとなると、**毎回マウスを使うのは非常に面倒**です。

そんなときはショートカットキー Ctrl ＋ N を利用すると便利です。このショートカットキーは**ほとんどのアプリで新規作成として使えます**。WordやWebブラウザなどのアプリでも可能です。

最近のWebブラウザはタブで新しいウィンドウを開く仕様になっているので、タブを新規で作成する方も多いと思います。その際は「＋」ボタンをクリックすれば作成できますが、Ctrl ＋ T を押しても可能です。このショートカットキーを使えば**マウスを動かす必要はなく、すぐに新しいタブを作成**できます。

フォルダーを新規で作成するときはデスクトップなどの画面上でマウスを「右クリック」して、新規作成のメニューから作成できます。フォルダーを多用する方にとっては、毎回この操作をするのは手間です。そんなときは、ショートカットキー Ctrl ＋ Shift ＋ N を使いましょう。すぐに新しいフォルダーを作成できるので便利です。私はフォルダーを1日に20個以上作成するので、この方法をよく使います。

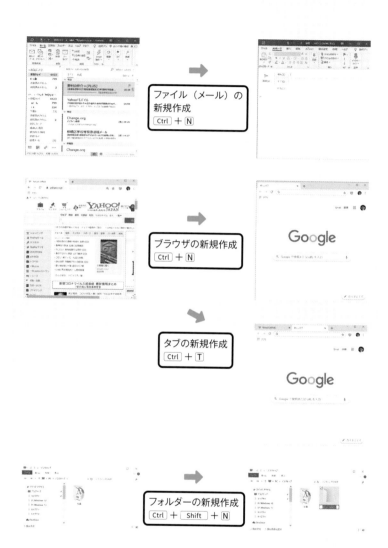

ファイル（メール）の
新規作成
Ctrl ＋ N

ブラウザの新規作成
Ctrl ＋ N

タブの新規作成
Ctrl ＋ T

フォルダーの新規作成
Ctrl ＋ Shift ＋ N

14

アプリを一瞬で
終了する

5 min 短縮

>> Alt + F4 でマウスを使わずに閉じる

　仕事をしていて気付いたら、ファイルやフォルダーが 20 個以上開かれていたということはありませんか？　閉じ忘れてそのまま放置したものや、たくさんの仕事を同時に処理しようとしていろいろなアプリを開いたまま、ということはよくあります。

　そのままでは画面がごちゃごちゃしたり、パソコンのメモリーを無駄に使うため動作が遅くなったりする可能性があります。そうならないように、**使用していないファイルやフォルダー、アプリのウィンドウはこまめに閉じましょう**。ここではウィンドウを一瞬で閉じる方法を紹介します。

(1) Alt + F4

　ウィンドウを閉じるときはマウスで画面右の「×」をクリックすると思います。しかし、大量に開いた画面を一つ一つマウスでクリックしていくのは手間です。そんなときはショートカットキー Alt + F4 。マウスに手を運ぶことなくウィンドウを閉じることができます。

(2) 「すべてのウィンドウを閉じる」

　アプリごとにまとめて消す機能もあります。私の場合はフォルダー、PDF、画像ファイルが大量になってしまいがちなのですが、そんなときはまとめて閉じるようにしています。タスクバーにあるアプリのアイコンを**「右クリック」**して**「すべてのウィンドウを閉じる」**を選ぶと一括して閉じることができます。このほうが楽ですし時間の短縮にもなります。

大量に開いたファイルをまとめて閉じる方法

タスクバーのアイコンを
「右クリック」

「すべてのウィンドウを
閉じる」を選択

× すべてのウィンドウを閉じる

ウィンドウが一括で
なくなるので速い

「Windows」
ショートカットキー

⊞ + T	タスクバー
⊞ + Tab	タスクビューの表示
⊞ + E	エクスプローラー（フォルダー画面）表示
Alt + Tab	画面の切り替え
⊞ + L	ロック画面に切り替え
⊞ + V	クリップボードから貼り付け
⊞ + I	設定画面表示
Ctrl + Alt + 方向キー	画面の向きを方向キーの方向へ変更
⊞ + D	デスクトップ表示
Ctrl + Shift + Esc	タスクマネージャー起動
⊞ + Shift + S	自由な位置でスクリーンショット
⊞ + Print Screen	スクリーンショット、ピクチャフォルダーへ保存
Ctrl + Shift + N	フォルダー作成
⊞ + → または ←	ウィンドウ画面を左右に分割
⊞ + ↑	ウィンドウ画面を最大化

2章

文字入力は
こんなにラクになる

　文字入力の速さを上げるにはタイピングスキルも
必要ですが、補助機能を使うことも大事なスキルの一
つです。補助機能を使いこなすことで変換が楽になっ
たり、文字入力に起こりがちなトラブルも落ち着いて
対処できるようになったりします。

　この章では、補助機能を使った文字入力の効率化テ
クニックや、マウスやショートカットを使った小ワザ
を紹介します。

15

変換候補の一覧表示

≫ 変換リストを拡張すれば探すスピードが格段に上がる

　日本語で文字入力して漢字に変換するとき、目的の変換候補がなかなか現れずにイライラすることはないでしょうか？　あまりにも時間がかかってしまうので、あきらめて別の文字から変換する方もいるかと思います。

　例えば「たかし」と入力して変換すると、変換候補は 320 もあります。その中から目的の漢字を探すとなると、9 個ごとに変換リストを見て探していくことになるため、大変時間がかかります。

　では、一度に表示される変換リストを数十個に増やせたらどうでしょうか。**探すスピードが格段に速くなり、目的の変換候補にすぐにたどり着くことができます。**

　方法は変換リストを表示して Tab を押すだけです。変換リストが拡張されて表示されます。あとはマウスや方向キーで変換候補を選択。ただこの方向キーについて注意があります。パソコンによっては ↓ を押すと、下に行かず決定の操作になることがあるのです。そのときは代わりに Space を押せば下方向へ移動できます。

　変換リストを拡張してもページ数が多いときは、**キー操作を使えば高速で移動**できます。

　Page Down ：次のページに進む

　Page Up ：前のページに戻る

　End ：最終ページに進む

　Home ：先頭のページに戻る

1. 「たかし」と入力

たかし

たかし　　　　　　　　× 🔍
貴史
高島屋
隆
タカシ
⌄
Tab キーで予測候補を選択

2. Space を2回押して変換

ここまでは普通

貴史
1 隆
2 貴史
3 孝
4 貴
5 隆司
6 崇
7 高し
8 隆志
9 高志

3. Tab を押して拡張

貴史

1	隆	隆史	貴士	貴詞	丘	仰	克	卓司
2	貴史	孝志	鷹志	高	亘	任司	凌	卓士
3	孝	貴司	鷹氏	高司	亨志	位	剛	卓志
4	貴	たかし	剛士	高士	享	俊	剛史	史
5	隆司	貴志	高氏	高子	享史	健	剛司	和
6	崇	高史	誉司	高志	享司	傑	剛志	啓
7	高し	敬	多可氏	鷹嘴	享志	儁	劻	啓之
8	隆志	孝史	タカシ	鷹觜	京	允志	卓	啓史
9	高志	高師	鷹師	丈	亮	充	卓史	喬

Page Down で次のページを表示

1	囿	多可史	多賀志	孝之	孝師	孝視	宗司	尚	堯司
2	坦	多可志	大	孝仕	孝支	孝親	宜史	尚之	堯士
3	堯	多嘉史	大志	孝使	孝旨	孝詞	宜司	尚史	山
4	墅	多嘉司	天	孝吏	孝晉	孝誌	宜司	尚司	屹
5	多佳史	多嘉士	天志	孝嗣	孝氏	宇	尊	尚士	岱
6	多佳志	多嘉志	太加志	孝四	孝治	宇司	尊史	尚師	岳
7	多加史	多嘉示	太嘉志	孝士	孝獅	宇志	尊司	尚志	岳史
8	多加士	多賀史	威志	孝始	孝示	宗	尊嗣	堯	岳志
9	多加志	多賀司	字	孝市	孝至	宗史	尊志	堯史	峰

16

マウスなしで文字・文章を選択する

10 min 短縮

⟫⟫ ［Shift］＋キーで自由自在に選択できる

　文章を選択するときはマウスで「ドラッグアンドドロップ」する方が多いと思います。直感的に手っ取り早くできるからです。

　しかし、この作業もマウスなしで簡単に行えます。いろいろな選択方法があるので、ぜひ試してみてください。

（1）1行選択

　選択するには始点を決め、その後 ［Shift］ を押しながら操作をすることが基本になります。例えば1行分だけ文章を選択したい場合は、文章の先頭文字の前をクリックし、［Shift］ ＋ ［↓］。そのまま ［↓］ をもう一度押せば2行分選択できます。

（2）1文字、1単語選択

　1文字だけ選択する場合は ［Shift］ ＋ ［→］ で、1単語だけ選択したいときは ［Shift］ ＋ ［Ctrl］ ＋ ［→］ でできます。私はこの1単語選択をよく利用しています。**移動スピードが速くなるのでおすすめ**です。

（3）大きく選択

　もっと大きく文章を選択する方法もあります。1段落分だけ選択する場合は ［Shift］ ＋ ［Ctrl］ ＋ ［↓］。表示されている画面の文末まで選択する場合は ［Shift］ ＋ ［Page Down］。最後の文章まですべて選択する場合は ［Shift］ ＋ ［Ctrl］ ＋ ［End］ でできます。

　他にも全文をまとめて選択するなら ［Ctrl］ ＋ ［A］ という全部選択のショートカットキーがあります。

Word 文書でまとめて選択

「例えば1…」の手前をクリック

もあると思います。例えば1行分だけ文章を選択したい場合には文章の先頭文字の前をマウスでクリックし、「Shift」+「下方向」

1行選択　Shift + ↓

もあると思います。例えば1行分だけ文章を選択したい場合には文章の先頭文字の前をマウスでクリックし、「Shift」+「下方向」

更に1文字多く選択　Shift + →

もあると思います。例えば1行分だけ文章を選択したい場合には文章の先頭文字の前をマウスでクリックし、「Shift」+「下方向」

更に1単語多く選択　Shift + Ctrl + →

もあると思います。例えば1行分だけ文章を選択したい場合には文章の先頭文字の前をマウスでクリックし、「Shift」+「下方向」

1段落選択　Shift + Ctrl + ↓

もあると思います。例えば1行分だけ文章を選択したい場合には文章の先頭文字の前をマウスでクリックし、「Shift」+「下方向」すれば選択できます。その後でもう1文字、でできます。私はこの1単語選択はよく利用しています。

表示されている画面の文末まで選択
Shift + Page Down

17

日本語入力がおかしく なったときの対処法

いろいろなモードがあることを知っておく

日本語入力をするとき、いつもと違う文字が表示されてしまう、そんな経験はないでしょうか？ 例えば「い」と打ちたいのに「に」が表示され、戻し方もわからず焦ってしまうこともあると思います。

Windows にはさまざまな入力モードがあり、何かの拍子にキーの押し間違いをすると、意図しない文字が表示されます。入力モードには以下の5つがあるので、それさえ覚えておけば焦ることはなくなります。

(1)「い」が「に」になる

Alt + カタカナひらがな でローマ字入力からかな入力に変わります。もう一度同じキーを押すと元に戻ります。

(2)「い」が「i」(半角)になる

変換 で日本語入力から半角英数入力に変わります。もう一度同じキーを押すと元に戻ります。

(3)「い」が「ｉ」(全角)になる

カタカナひらがな で日本語入力から全角英数入力に変わります。もう一度同じキーを押すと元に戻ります。

(4)「い」が「イ」になる

(Ctrl +) 無変換 で日本語入力から全角カタカナ入力や半角カタカナ入力に変わります。もう一度同じキーを押すと元に戻ります。

(5)「い」が「5」になる

Num Lock でキーボードがナンバー入力モードに変わります。もう一度同じキーを押すと元に戻ります。

1. 「い」が「に」になる

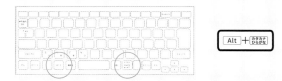

[Alt] + [カタカナ ひらがな]

2. 「い」が「i (半角)」になる

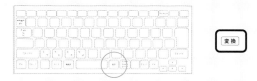

[変換]

3. 「い」が「i (全角)」になる

[カタカナ ひらがな]

4. 「い」が「イ」になる

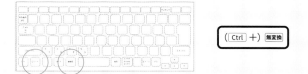

([Ctrl] +) [無変換]

5. 「い」が「5」になる

[Num Lock]

18

文字変換はショート
カットキーでできる

>> F6 から F10 までの機能を使いこなす

　日本語で文字入力をしているときでも、英単語を入力することは
よくあります。そのとき、半角/全角で日本語入力から半角英数入力に切
り替えると思います。ただ、全角英数で入力したいときには
Microsoft IME の「あ」をクリックしたり、カタカナひらがなで入力を切り替え
たりしているのではないでしょうか？

　近ごろはさまざまな入力方法が要求され、サイトの入力フォーマ
ットによっては、名前は全角、ふりがなは全角カタカナ、銀行口座
の振込先は半角カタカナ、口座番号は半角英数ということも。**その
都度入力を切り替えるのは大変**です。

　そんなときは**日本語入力の変換時に** F6 **から** F10 **までを利用す
ると便利**です。わざわざ Microsoft IME で切り替えることなくカタ
カナや全角英数などいろいろと変換できるので、私はよく使います。

　　F6 ：ひらがな

　　F7 ：カタカナ

　　F8 ：半角カタカナ

　　F9 ：全角英数

　　F10 ：半角英数

　この変換は**何回でも切り替えることができます**。例えば F7 で全
角カタカナに変換したあと、 F8 で半角カタカナに変換したり、
F6 で全角ひらがなに戻したりすることができます。

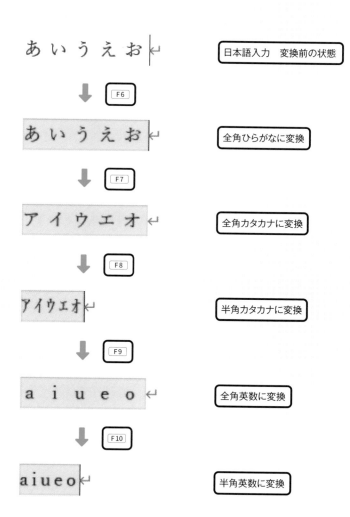

あいうえお| 　日本語入力 変換前の状態

↓ F6

あいうえお| 　全角ひらがなに変換

↓ F7

アイウエオ| 　全角カタカナに変換

↓ F8

ｱｲｳｴｵ| 　半角カタカナに変換

↓ F9

ａｉｕｅｏ| 　全角英数に変換

↓ F10

aiueo| 　半角英数に変換

19

文字変換で出てこない
漢字を見つける

≫ 手書き機能を使うと便利

　文字入力をしていると、読み方のわからない文字が出てきたときに困ることがあります。例えば「聚」という字。Web で調べようにも読み方がわからないので検索することもできません。

　こんなときは Microsoft IME の手書き機能が便利です。手書き機能では、画面上にカーソルでなぞって書くだけで、探している漢字を検索することができます。表示された漢字をクリックすればそのまま文字の入力もでき、とても使いやすい機能です。

　手書き機能は IME パッドというツールの中にあります。IME パッドは **Microsoft IME の「あ」のところを「右クリック」、もしくは、
[Ctrl] + [F10] を押して表示されるメニューからも起動**できます。

　次回からはいちいち手書きで検索せずに入力したい、そんなときは単語登録をしておくとよいでしょう。**登録したい漢字を選択して読み方を設定。次回からはその読みを打てば変換候補に登録した漢字が出てきます。**

　他にも、漢字は部首や画数から探すこともできます。

　部首から探す場合、先ほどの「聚」では「耳」が部首になります。「耳」は 6 画なので、6 画の部首で探せばすぐに出てきます。

　ただ、「木」のような部首では、漢字の候補が数百個も出てきてしまうので探すのに時間がかかります。

　画数で調べる場合はさらに時間がかかります。「聚」は 14 画なのですが、14 画の漢字は 720 個もあるからです。どうしても目当ての漢字を見つけられないときの最終手段として覚えておきましょう。

IME パッドの起動

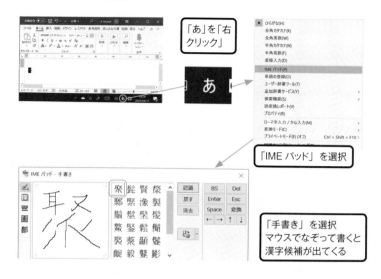

「あ」を「右クリック」

「IME パッド」を選択

「手書き」を選択
マウスでなぞって書くと
漢字候補が出てくる

単語の登録

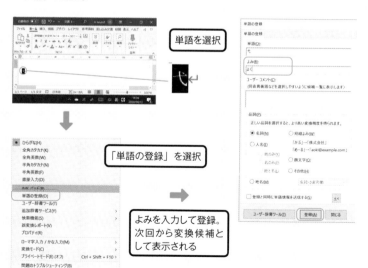

単語を選択

「単語の登録」を選択

よみを入力して登録。
次回から変換候補として表示される

20

マウスで文字を単語や段落ごとに選択する

5 min 短縮

≫ ダブルクリックとトリプルクリックを駆使する

文章作成中に単語だけを選択したいときはどうしていますか？例えば「コミュニケーションから始めよう」という文章で、「コミュニケーション」だけを選択するときは、「コ」から「ン」までをマウスで「ドラッグアンドドロップ」します。

しかし操作ミスで「ミ」から始めてしまったり、「ヨ」で終わったりするとやり直さなければいけません。少しイラッとしますよね。

そんなときは、「ダブルクリック」を使います。「コミュニケーション」のどこでもいいので「ダブルクリック」すれば、**単語を正確に選択でき便利**です。

また、「**トリプルクリック」すれば1段落をすべて選択**してくれます。例えば箇条書きされている箇所を、1項目だけ選択したいときなどに使えます。

私の場合は特許番号を扱うときに、いつも「特許1234567」といった感じでメモをしています。番号だけを選択したいときは「1234567」をダブルクリック、すべてを選択したいときは「特許1234567」をトリプルクリックします。あらかじめ使い分けができるような形でメモをしておくと便利です。

ただ、この**テクニックはすべてのアプリで使えるわけではありません**。Word、Excel、Webサイトなど、さまざまなところで使えるのですが、メモ帳などの一部のアプリでは使えないこともあります。

| 元の文章 | コミュニケーションから始めましょう。↵ |

赤線位置のどこかを
「ダブルクリック」

| 1 単語選択 | コミュニケーションから始めましょう。↵ |

| 元の文章 | コミュニケーションから始めましょう。↵ |

文章のどこかを「トリプル
クリック」

| 1 段落選択 | コミュニケーションから始めましょう。↵ |

21

文字入力で記号や 絵文字を簡単に出す

≫ 4つの入力方法をマスター

文章には文字以外の記号やマーク、最近では絵文字なども含まれます。例えば★、©、｜、😈などの記号や絵文字。入力方法はそれぞれ異なるので、覚えておくと便利な方法を紹介します。

(1) ★マーク

「ほし」または「きごう」と入力して変換すると出てきます。なお、「きごう」で変換すると候補が400個以上も出てくるので、他のマークや記号を探したいときには便利です。

(2) ©マーク

「ちょさくけん」または「C」と入力して変換すると出てきます。似たようなものに®マークがあります。これは商標登録のマークで「R」と入力して変換すると出てきます。

(3) ｜（罫線）

「けいせん」と入力して変換すると出てきます。罫線は枠を作るときに便利です。私は文章の区切りやメールの署名などに使います。

(4) 😈マーク

「だんし」と入力して変換すると出てきます。他にも「といれ」なら🚻などシンボルとなるマークがあるものは、たいていこの方法で出てきます。ただこれは環境依存文字なので注意が必要です。環境依存文字とはOSなどの環境によっては使える文字のことで、例えばWindowsなら使えるけどMacでは使えない、といった文字のことです。メールで使用すると文字化けしたり別の文字になってしまったりする可能性があるので、注意が必要です。

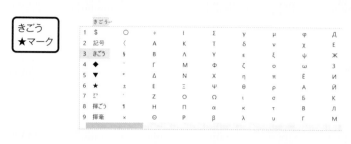

きごう								
1 $	○	÷	Ι	Σ	γ	μ	φ	Д
2 記号	〈	Λ	Κ	Τ	δ	ν	χ	Е
3 きごう	§	Β	Λ	Υ	ε	ξ	ψ	Ж
4 ◆	¯	Γ	Μ	Φ	ζ	ο	ω	З
5 ▼	°	Δ	Ν	Χ	η	π	Ё	И
6 ★	±	Ε	Ξ	Ψ	θ	ρ	А	Й
7 ヹ	・	Ζ	Ο	Ω	ι	σ	Б	К
8 揮ごう	¶	Η	Π	α	κ	τ	В	Л
9 揮毫	×	Θ	Ρ	β	λ	υ	Г	М

C	
1 C	c
2 ©▯	(c)
3 C	Ⓒ
4 [環境依存]	ⓒ
5 Ç	c
6 ç	c
7 Ç	
8 Ȼ	
9 C	«

「ちょさくけん」または「C」で変換

罫線						
1 罫線	｜	╚	┤	┼	╚	┬
2 ─	恵泉	╝	┬	╪	①	┐
3 ┴	⑫	┘	┯	╋	⑰	┘
4 ┌	桂川	├	┰	╅	╶	けいせん
5 ┐	係船	┝	┯	啓泉	╙	ケイセン
6 ┥	けい線	┠	┴	経戦	╜	
7 ─	┌	┰	┴	継戦	┼	
8 ｜	┐	┤	┴	啓亘	┬	
9 経線	┗	┨	┴	┌	┴	«

罫線でこういったものが作れる

だんし		
1 だんし	男士	淡氏
2 男子	男志	ダンシ
3 ☺	弾氏	
4 談志	愽氏	
5 檀紙	暖氏	
6 檀氏	段氏	
7 団氏	男氏	
8 ☺	團氏	
9 壇氏	旦氏	«

22
日本語入力中に英単語や半角スペースを入れる

>> [Shift] 入力を使いこなす

　日本語入力をしているときに、英単語を入れたり半角スペースを入れたりすることがあります。その際いちいち入力モードを半角英数にするのは少し面倒です。しかし、[Shift] を使えばわざわざ入力モードを切り替える必要がありません。

　英単語を入力するときは、[Shift] を押しながら単語を打ちます。 [変換] で全角英数や半角英数に変換ができます。日本語入力中に英単語を挟みたいときなどは簡単で便利です。

　半角スペースを入力するときは [Shift] + [Space]。 全角スペースでは空白が大きすぎるときに使えます。

　段落内改行を入力するときは [Shift] + [Enter]。 通常の改行では改段落が行われます。段落内改行とは段落を変えずに、単に文字を折り返すだけの操作です。表示は、改行だと「↵」、段落内改行だと「↓」になります。例えば Word などで箇条書きをしているとき、通常の改行を行うと次の項目に移ってしまいます。しかし、段落内改行であれば同じ項目の内容として表示することができます。

　他にも、[Shift] + [Delete] で切り取り、[Shift] + [Insert] で貼り付けができます。[Ctrl] + [X] や [Ctrl] + [V] と同じ機能ですが、右手で行いたいときに使えます。

　ちなみにコピーは [Ctrl] + [Insert] でできます。

日本語入力中に「Book」と書く Shift +文字

本はB↵

 Shift を押しながら「B」を入力

本はBook|↵

 Shift を離して『ook』を入力

本は**Book**↵

1	**Book**
2	**BOOK**
3	**book**
4	Book
5	BOOK
6	book »

変換 を押して入力したい文字を選ぶ

段落内改行 Shift + Enter

普通の改行を行うと
次の項目になり●が
増える
↵マーク

● 本はBook↵
● ↵

段落内改行を行うと
次の項目にならず●
が増えない
↓マーク

● 本はBook↓
　※予約するという意味もある↓
　↵

23

メモ帳に日付と時刻を
一瞬で入力する

10 min 短縮

>> F5 や「.LOG」を使う

　何かと便利なメモ帳。古くからあるアプリで大した機能はないのですが、**起動がものすごく速い**です。多分 Windows の中では最速なのではないでしょうか。私はこのアプリを通話中のメモや議事録などで使っています。

　例えば業務中に上司から電話がかかってきて、新幹線の手配を頼まれたとします。そんなときもメモ帳なら1秒で起動できるので、相手を待たせることがありません。メモ帳に日時、駅、人数、希望する座席などを記入していき、電話が終わったらそれらのデータをコピーして切符の申請アプリに貼り付ければ処理は済みます。

　メモ帳は議事録や業務のメモとしても使えます。議事録には日時が必要です。F5 を押せばそのときの**時刻と年月日が自動で入力されます**。わざわざ自分で日付を入力するより断然速く、時刻まで入るので使わない手はありません。

　業務の進捗メモとして使うときは、**メモ帳の先頭に「.LOG」と入力しておけば、起動するたびに時刻と年月日が自動で入力されるため非常に便利**です。
　この方法ならいちいち F5 を押す必要もなくなり、さらには日時を書き忘れる心配もありません。

日時を入力する方法　F5

F5 と入力すると、時刻と日付が入る

起動時に日時を自動で入力する方法　「.LOG」

先頭に「.LOG」と入力。
大文字で入力する

次回から起動するたびに時刻と日付が自動で入力される

24

一瞬で言語を切り替える

多言語で入力する人には必須のテクニック

フランス語などの外国語を扱う人はキーボードの設定を日本語からフランス語に変えると便利です。なぜならフランス語の「é」などのアクセント記号が付いた特殊な文字は、日本語入力で打ち込むのが手間だからです。

私は特許業務でフランスの案件を扱うこともあるのですが、フランス語ができないため Google 翻訳に頼っています。ただ、古い PDF で書かれたものなどは文字をコピーすることができず困ったときがありました。そうした場合はキーボードの設定を Microsoft IME からフランス語に切り替えて手入力します。

しかし、言語を切り替えるためにいちいちマウスで Microsoft IME をクリックするのは手間です。

そんなときは ⊞ ＋ Space を使うと便利です。これにより一発で言語を切り替えることができます。

Space を続けて押せば複数の言語を設定していても使いたい言語を選ぶことができます。

Windows はフランス語以外にもドイツ語、韓国語、中国語などいろいろな言語を設定することができます。キー配列はどの言語でもほぼ同じ作りなので、日本語のキーボードでも外国語を入力することは可能です。

ただ、たまにキー配列の異なるキーボードを使用する言語もあるので（フランス語の AZERTY キーボードなど）、使用する言語のキー配列を Web サイトで探して印刷しておくとよいでしょう。

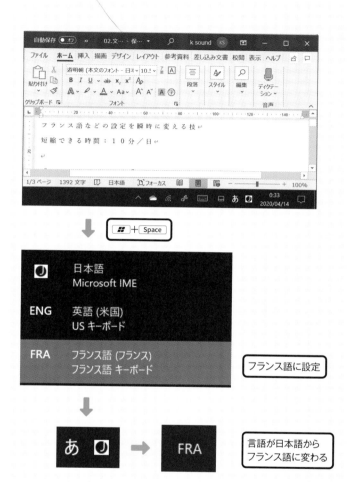

フランス語などの設定を瞬時に変える技

短縮できる時間：１０分／日

■ + Space

ワ	日本語 Microsoft IME
ENG	英語 (米国) US キーボード
FRA	フランス語 (フランス) フランス語 キーボード

フランス語に設定

あ ワ → FRA

言語が日本語から
フランス語に変わる

「文字入力」
ショートカットキー

Tab	（文字入力中）変換リストの拡大
Shift + Ctrl + →	1 単語選択
Shift + End	行末まで選択
Shift + Ctrl + ↓	1 段落選択
Shift + Page Down	表示されている画面の文末まで選択
Shift + Ctrl + End	文章の最後まで選択
Alt + カタカナ ひらがな	かな入力に切り替え
F6	ひらがな変換
F7	カタカナ変換
F8	半角カタカナ変換
F9	全角英数
F10	半角英数
「ダブルクリック」	1 単語選択
「トリプルクリック」	1 段落選択
Shift + Space	全角入力時に半角スペース
Shift + Enter	段落内改行
⊞ + Space	言語の切り替え

3章

Web 検索テクニックで
周りに差を付ける

　Webの強みは、情報収集能力の高さと翻訳などの
便利なアプリを利用できることの2つが代表的です。
いまではビジネスとは切っても切り離せないツール
となっています。

　しかし、正しい検索方法を知っている人はあまり多
くいません。適切な検索式で調べないため、なかなか
目的となるWebサイトにたどり着くことができない
のです。

　この章ではWebブラウザで使える正しい検索方法
や便利なテクニックを紹介し、一歩先を行くWeb活
用術を伝授します。

25

気になった画像から検索する

60 min 短縮

⠿ Googleの画像検索を使う

私は仕事で著作権の調査をすることがあります。例えば同僚がどこかのポスターを見て感動し、そのポスターのデザインを自社製品に使いたい、と相談してくるとします。しかし勝手にデザインを使うわけにはいきません。著作権者の許諾を得る必要があります。

そこで、誰がそのポスターの著作権者なのかを特定するために、画像検索が役に立ちます。

まずはWebブラウザでGoogleの画像検索サイトに移動します。続いて画像ファイルをアップロードします。**カメラのアイコンをクリックして「画像のアップロード」、「参照」を選択、検索したい画像ファイルを選択**します。

他にも、画像ファイルを直接Webブラウザに「ドラッグアンドドロップ」する方法もあります。

検索は自動的に始まり、検索結果に関連情報の一覧が表示されます。一覧の中から著作権者を特定したり、著作権者が運営しているサイトを見つけたりすることができれば、著作権者とコンタクトをとることができます。

また、検索の際には期間を指定して検索結果の絞り込みをすることもできます。**検索画面で「ツール」をクリックし、時間を選びます**。検索結果が大量に表示されたときなどは、時間で絞ることができるので便利です。

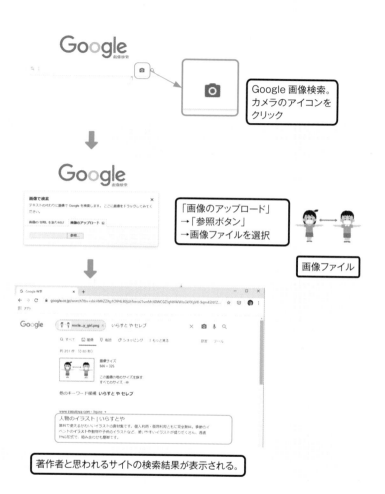

「画像のアップロード」
→「参照ボタン」
→画像ファイルを選択

画像ファイル

Google 画像検索。
カメラのアイコンを
クリック

著作者と思われるサイトの検索結果が表示される。

時間で絞り込み

ツールから時間を
クリック

26

音声入力で自動文字
起こしが可能に

》》「スピーチノート」と特殊なコードを使う

　最近のスマホやパソコンでは声だけでいろいろなことができます。私はよく iPhone に向かって「Hey Siri、タイマー3分お願い」と言ったりします。すると音声がテキスト化されてその通りに実行してくれるので便利です。こういったものを音声認識といいます。

　音声認識は他にもいろいろなところで使われます。

　議事録などの録音データをテキスト化したり、メールの文面を音声で入力して、そのまま送信したりできます。

　私がよく使う音声認識アプリは「スピーチノート」という Web サイトです。スピーチノートは拾った音声をテキスト化してくれるアプリで、精度が高く無料なので使い勝手がよいです。何よりも勝手に入力を終了しないところが気に入っています。

　他のアプリではしゃべっている最中に少し間が空いただけで勝手に入力を終了してしまうことがあり、その都度入力を再開しなければなりません。その点このスピーチノートはずっとしゃべっていても永遠にテキスト化できるので使いやすいのです。

　スピーチノートでは録音データのファイルを読み込むことはできませんが、**録音データを再生し、それをスピーチノートに聞かせればテキスト化**できます。

　それにはイヤフォン端子が両端に付いた特殊なコードを使います。そのコードで録音機のイヤフォン端子とパソコンのマイク端子をつなげます。コードは600円ほどで買うことができます。

スピーチノートで音声入力
https://speechnotes.co/ja/

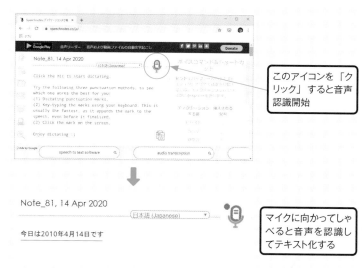

このアイコンを「クリック」すると音声認識開始

Note_81, 14 Apr 2020

[日本語 (Japanese)　▼]

今日は2010年4月14日です

マイクに向かってしゃべると音声を認識してテキスト化する

録音機（スマホ）とパソコンをつないで音声認識
3.5mm ステレオミニプラグケーブル

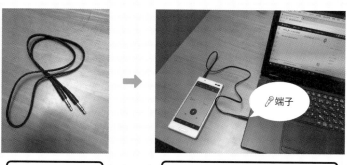

端子

3.5mm ステレオミニプラグケーブル（オスーオス）

録音機とパソコンのマイク端子につなぐ。録音機を再生しながらパソコンでスピーチノートを起動すれば音声入力可能

27

タブブラウザを
使いこなす

≫ ショートカットキーで瞬時に切り替え

　最近の Web ブラウザではいろいろなことができます。メール、SNS、テレビ会議、ハードディスク代わりのクラウド、さらには Excel や Word のようなアプリまで使えるので、**すべてのアプリが Web ブラウザに集約されつつあります**。これは非常に便利なことですが、使いこなせばもっと便利になります。

　たいていの Web ブラウザはタブブラウザとなっており、タブを増やすことでいろいろなページを見ることができます。しかし、タブを増やしすぎるとタブサイズが小さくなり、どのタブがどのページかわからなくなるため探すのが大変です。マウスで探すと一つ一つタブをクリックして確認するので手間ですし、間違って「×」を押して消してしまうリスクがあります。

　そんなときは Ctrl + Tab でタブを切り替えます。こうすれば左から右に向かって順にタブを切り替えていくことができます。また Shift + Ctrl + Tab では逆の順に切り替えることができます。

　他にも、**タブを閉じたいときは** Ctrl + W。間違えて閉じてしまった場合は Ctrl + Shift + T で**タブを復活**させることができます。

　また、ブラウザバックをしたいときには Alt + ←。新たにタブを作成したいときは Ctrl + T でできます。

　このように、マウスが使わずにキーボードで Web ブラウザを操作すれば、仕事が格段に速くなるでしょう。

タブブラウザを切り替え

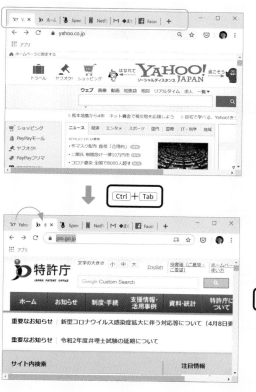

Yahoo！Japan を
閲覧中

Ctrl + Tab

右のタブに閲覧移動

28

検索の応用テクニック

≫ ORなどの検索機能を使いこなせば 検索スピードが速くなる

Webで渋谷の飲食店を検索するときは、「飲食店　渋谷」と入力して検索すると思います。では、渋谷と池袋の両方の飲食店を検索したいときにはどうやって検索していますか？「飲食店　渋谷　池袋」では渋谷か池袋のどちらかに偏った検索結果となってしまいます。**そんなときに使えるのが「OR検索」**。ここでは検索式に使える5つのワザを紹介します。

(1) OR検索：AとBの両方を検索

例えば**「渋谷　OR　池袋」**で検索すると渋谷と池袋を検索することになります。なおスペースは入れなくても構いません。

(2) () 検索：かっこの中の式を優先的に検索

先ほどの検索式を () に入れて**「飲食店　（渋谷　OR　池袋)」**と入力すると、渋谷と池袋の飲食店の検索結果が出てきます。

(3) ー（マイナス）検索：AからBを除いて検索

例えば**「マック　ーマクドナルド」**で検索すると、マクドナルドを除いた検索結果となります。

(4) site検索：サイトを限定して検索

例えば**「マスク　site:amazon.co.jp」**で検索すると、Amazonのサイトに絞って検索されます。

(5) ＃（ハッシュタグ）検索：ハッシュタグを付けて検索

例えば**「＃小池百合子」**で検索するとTwitterやInstagramの検索結果が出てきます。

渋谷と池袋の飲食店を検索するとき

飲食店 渋谷 池袋

hitosara.com › 東京都 › 東京都 f
ハズさないお店さがし
池袋東口/西池袋の居酒屋グルメ
中。【ヒトサラ】は料理や店内
のシーン別や最寄駅、近くのお

tabelog.com › ... › 池袋定食・食
池袋駅でおすすめの美
日本最大級のグルメサイト「食べ口
中。実際にお店で食事をしたユ
載。ランチでもディナーでも、!

> 「飲食店 渋谷 池袋」
> で検索。
> 池袋の飲食店ばかりヒット

飲食店（渋谷OR池袋）

tabelog.com › ... › 池袋〜高田馬場・
池袋でおすすめの美味し
日本最大級のグルメサイト「食べ口
実際にお店で食事をしたユーザーの
ランチでもディナーでも、失敗しな

tabelog.com › ... › 渋谷・恵比寿・代
渋谷でおすすめの美味し
日本最大級のグルメサイト「食べ口
実際にお店で食事をしたユーザーの
ランチでもディナーでも、失敗しな

> 「飲食店（渋谷 OR 池袋）」
> で検索。
> 渋谷と池袋の飲食店がヒット

その他の検索テクニック

ー（マイナス）検索

マック -マクドナルド

www.apple.com › mac ▾
Mac - Apple（日本）
Macの世界へようこそ。Mac
プを紹介します。製品の情報

www.apple.com › macbook-a
MacBook Air - Apple
macOS Catalina **Mac**のパワ
を満たすコンピュータを下取
った**Mac**を無料でリサイクル

> 「マック ーマクドナルド」で検索。
> マクドナルドは検索されなくなる。
> 「ー」は半角で入力。
> マイナス記号の前にはスペースを
> 入れる（全角でも半角でも可）

＃（ハッシュタグ）検索

#小池百合子

JCC株式会社
@JCC_NEWS

04/30 16:40 テレ朝 スーパ
ーJチャンネル 緊急事態宣
言・全国対象に延長へ 政府
高官によると政府が全国を
対象とした緊急事態宣言を

小池百合子
@ecoyuri

本日18:45〜のライブ配
は、大阪府の吉村知事
@hiroyoshimura にお
いいただきます。東京
阪の最新の状況や、9.

> 「#小池百合子」で検索。
> Twitter などの検索結果
> がでる。「#」は半角で
> 入力

29

タブブラウザの
切り分けテクニック

》 選択の方法を工夫すれば
まとめて切り離すことができる

　Webブラウザはタブごとに区切って閲覧することができ便利です。ただ、気付いたらタブが増えすぎてしまっているなんてことも多いのではないでしょうか？

　私の場合は常に10以上のタブが開いています。その内訳を見てみると、仕事に使うもの、ニュースを見るためのもの、勉強に使うものなどさまざまです。そこでカテゴリーごとにタブを仕分けて見やすくする方法を紹介します。

（1）基本のタブ切り離し

　タブを選択しながらマウスで「ドラッグアンドドロップ」をすると、元のブラウザから切り離されて新たなブラウザとして独立します。例えば仕事に使うタブを、他のニュース系タブや勉強用タブから切り離したいときなどに使えます。

（2）連続したタブをまとめて切り離し

　切り離したいタブが複数あるときに使います。 Shift を押しながら「左クリック」でタブ範囲の選択を開始、切り離したいタブで再び Shift を押しながら「左クリック」します。そのまま「ドラッグアンドドロップ」すれば、連続したタブをまとめて切り離すことができます。

（3）離れたタブをまとめて切り離し

　まとめて切り離したいタブが連続していない場合は、 Ctrl ＋「左クリック」すると、一つ一つ選択することができます。あとは選択したタブ1つにカーソルを合わせて切り離します。

タブの切り離し

1つのタブをクリック

「ドラッグアンド
ドロップ」

新たなブラウザとして切り離し

複数のタブを範囲で選択

2つの↓矢印のタブを [Shift] +
「左クリック」。
↓矢印の間の4つのタブブラウ
ザをまとめて選択する

あとはまとめて「ドラッグアンドド
ロップ」で切り離し

複数のタブを一つ一つ選択

3つの↓矢印のタブを [Ctrl] +「左
クリック」。
3つのタブブラウザを一つ一つ選
択できる

あとはまとめて「ドラッグアンドド
ロップ」で切り離し

「Web 検索」 ショートカットキー

Ctrl + Tab	タブの切り替え
Ctrl + W	タブを閉じる
Alt + ←	ブラウザバック
Alt + →	ブラウザバック前の状態に戻す
Ctrl + T	タブの新規作成
Ctrl + H	閲覧履歴表示
Ctrl + L	URL 欄に移動、URL 選択
Ctrl + D	お気に入りに追加
Ctrl + N	ブラウザの新規作成
Ctrl + +	ズームイン、拡大表示
Ctrl + −	ズームアウト、縮小表示
Ctrl + P	印刷
Page Down	下の画面へスクロール
Page Up	上の画面へスクロール
End	一番下の画面へスクロール
Home	一番上の画面へスクロール
F5	ブラウザを再表示、更新
Shift + F5	ブラウザを再表示、更新、キャッシュクリア
F11	フルスクリーンで閲覧、解除
Ctrl + 0	100%表示
Tab	カーソルの移動

4章

Excel は仕事効率化の最強アプリ

　Excel は幅広く業務に使うことができ、仕事に最も役立つアプリです。表を作成することも、計算をすることも、やろうと思えば文書を作成することもできます。また、少しの工夫でまるでショッピングサイトのように見やすい一覧表を作成することだって可能です。つまり、Excel を使いこなせばほとんどの仕事を時短化できるのです。

　Excel の一番の強みは関数。その関数を使いこなすことが時短化のカギになります。関数と聞くとハードルを高く感じる方がいるかもしれません。また関数を使ってみたら式が複雑になってしまって困惑した経験を持つ方もいるでしょう。

　この章ではそういった問題を解決するテクニックを紹介します。一番ボリュームのある章ですが、さまざまなところで使える関数や小ワザがあるので、一つ一つ見ていきましょう。

30

帳簿に画像を付ければ
検索スピードが上がる

≫ フィルター機能や並び替え操作への対応が必要

Amazon などのショッピングサイトでは必ず画像が付いています。画像があれば商品のイメージがわかり、文字情報を見なくても欲しい商品を探すことができます。

仕事で使う Excel の帳簿機能も、ショッピングサイトのように画像を付けることができれば便利です。

例えば社員名簿を作るときは、社員番号、名前、入社日、生年月日、性別などの情報を入力します。それでも帳簿としての機能は十分に果たすのですが、文字だけで特定の社員を探すのは大変です。

そこで社員名簿に社員の顔写真を付ければ、検索が格段にスピードアップします。それには貼り付けた画像がフィルター機能に対応できるように設定する必要があります。

行う設定は2つ。**セルのサイズ調整と図の書式設定**です。

(1) セルのサイズ

セルのサイズは画像よりも大きくする必要があります。また、画像によってセルの罫線が隠れてしまわないように、罫線から間隔をあける必要があります。

(2) 図の書式設定

画像のプロパティを「セルに合わせて移動やサイズ変更をする」にしてください。これでフィルター操作や並び替え操作を行うときに画像も一緒に移動します。

また、プロパティの設定をしたあとはセルのサイズを小さくしないでください。画像も小さくなってしまうからです。

社員名簿に顔写真を付ける　フィルターで絞り込みも可能

フィルター画面

検索

■ (すべて選択)
☑ 営業
☐ 開発
☐ (空白セル)

フィルターで「営業」に絞り込んでも営業の社員が顔写真付きで表示される

設定 1. セルの大きさと画像の位置に気を付ける

画像が入るようセルを大きく
し、画像をセルに挿入する。
画像はセルの端から間隔を
あけた位置に移動して置き、
罫線が見えるようにする

間隔

罫線

設定 2. 図の書式設定のプロパティを設定する

画像を「右クリック」

「サイズとプロパティ」→「図の書式設
定」→プロパティから「セルに合わせて
移動やサイズ変更をする」に設定する。
これでフィルター検索などに対応できる

31

表はグループ化することで
格段に見やすくなる

30 min 短縮

≫ 必要に応じて表示を切り替える

Excel で作った表が 1 画面に収まることはあまりありません。たいていの場合はすべてを見るのにスクロールする必要があると思います。

例えば予算表を作成するときは、行には予算項目を、列には年月などを入れます。ただ、行も列も 1 画面には収まりきらず、スクロールしないと合計金額を見ることができなくなります。

こうした場合は **「グループ化機能」を使うと便利**です。表示を 1 画面に収めることができ、スクロールせずに全体を把握できます。

グループ化は行や列に対して行います。グループ化された行や列は非表示になるので表を小さくまとめることができます。

予算表であれば、例えば細かい予算項目の行をグループ化して部署の合計だけを表示させたり、予算月の列をグループ化して上期や下期の合計だけを表示させたりすることができます。俯瞰して管理したいときなどに使えます。

グループ化機能を使うと「＋」や「−」の表示が現れます。**「＋」をクリックすると非表示から表示に、「−」をクリックすると表示から非表示に変わります**。

また、画面左上に「1」や「2」といった表示も現れます。**「1」をクリックすると全体が非表示になり、「2」をクリックすると全体が表示されます**ので、この機能も活用しましょう。

予算表の作成　表が画面からはみ出る

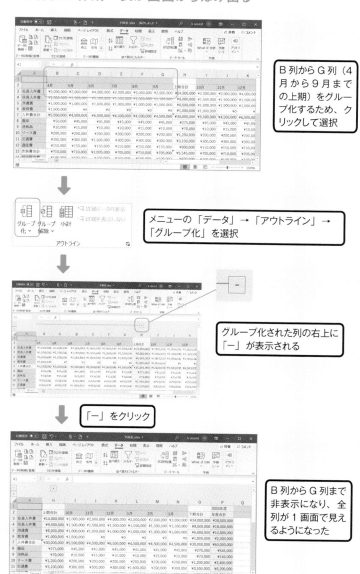

B列からG列（4月から9月までの上期）をグループ化するため、クリックして選択

メニューの「データ」→「アウトライン」→「グループ化」を選択

グループ化された列の右上に「−」が表示される

「−」をクリック

B列からG列まで非表示になり、全列が1画面で見えるようになった

32

セル内改行で箇条書きにすれば見やすくなる

30 min 短縮

>> Alt + Enter で改行できる

セルの中に箇条書きの文章を書きたいときはありませんか？　それには**セル内で改行できる** Alt + Enter を使います。

Excel のセル内でも他の文章作成アプリのように改行ができるので、箇条書きをしたいときには便利です。

この機能は関数作成時に大変役立ちます。

関数はデータを集計したり文字を置き換えたりすることができます。また、関数同士をつなげて 1 つの長い関数にすることもできるのですが、長すぎると関数の内容が複雑になって見づらくなります。これではあとで修正をする際にも解読するのに時間がかかってしまいます。

そんなときに、**長くなりすぎてしまった関数を箇条書きにすると、とても見やすくなります**。

IF 文を何個も使った関数を例に見ていきましょう。ある試験の結果を関数で表示したい場合、80％以上なら合格、60％以上なら再検討、40％以上なら放置、20％以上なら保管、それ以下なら破棄、といった条件を作ろうとすると、IF 文を 4 つもつなげて使うことになり、巨大で複雑な関数になってしまいます。

そこで 4 つの IF 文を 4 つに分けます。すると、例えば保管は何％なのかを調べたいときなど、すぐに見つけることができます。

一つ注意して欲しいのが、**数式バーを大きく表示**することです。関数を作成するときは数式バーが使いやすいのですが、大きく表示すると確認も編集もやりやすくなります。

IF 関数を複数使った式を箇条書きにする

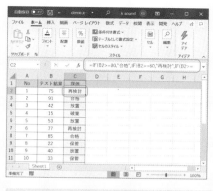

IF 関数を4つつなげた関数。
関数が長くて見づらい

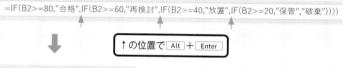

=IF(B2>=80,"合格",IF(B2>=60,"再検討",IF(B2>=40,"放置",IF(B2>=20,"保管","破棄"))))

↑の位置で Alt + Enter

=IF(B2>=80,"合格",
IF(B2>=60,"再検討",
IF(B2>=40,"放置",
IF(B2>=20,"保管","破棄"))))

4つの IF 文が4つの箇条書
きになり、見やすくなる

数式バーを広げておく

ここをクリックして下にドラッグ

箇条書きされた関数が表示され
て確認や編集がやりやすくなる

33

複数の画像を選択して
まとめて処理する

画像を1つ選択してから Ctrl を使う

Excel は表計算アプリですが、文章を書いたり画像を貼り付けたりできるので報告書などに使う方もいるのではないでしょうか？画像はサイズが大きいことが多く、Excel に貼り付けると画面いっぱいに表示されるので縮小する必要があります。画像が複数あるときは一つ一つを縮小していくのは面倒です。

そこで、ここでは複数の画像を選択する方法を紹介します。

(1) すべての画像を選択する

画像を1つ選択して Ctrl + A を押します。すると、すべての画像が選択され、一括で操作できるようになります。まとめてサイズを変更したり、移動したり、枠線を付けたりすることができます。

(2) 特定の画像を選択する

10枚ある画像のうち2枚だけを選択したいときなどは、**画像を1つ選択してから別の画像を Ctrl + 「左クリック」、または Shift +「左クリック」** します。選択を解除したいときも同様に Ctrl + 「左クリック」でできます。

例えば10枚ある画像のうち9枚を選択したいときは、**一度すべての画像を選択してから1枚だけ選択解除**をすれば早く行えます。

注意点としては、Ctrl + 「ドラッグアンドドロップ」しないこと。この操作では画像をコピーしてしまいます。これはこれで使えますが、「左クリック」のつもりで「ドラッグアンドドロップ」しないように気を付けましょう。

画像を複数選択する方法

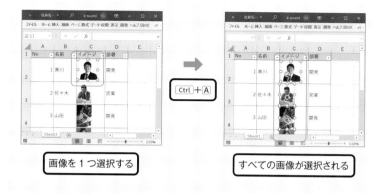

画像を1つ選択する

Ctrl + A

すべての画像が選択される

画像を選別して選択する方法

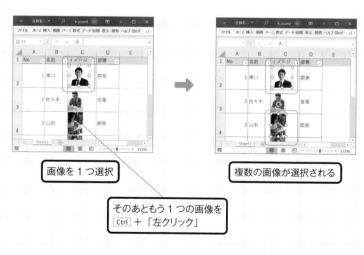

画像を1つ選択

複数の画像が選択される

そのあともう1つの画像を
Ctrl + 「左クリック」

34

コピーアンドペーストする
必要がなくなる

60 min 短縮

≫ Vlookup 関数を使いこなせば
作業時間が短くなる

　請求書などの顧客へ送付する文書作成時には、文書の左上に顧客名、郵便番号、住所、部署名、担当者名などを記入します。送付先が変わっても同じフォーマットを使用することがほとんどでしょう。

　作成方法としては、顧客名簿から対象の顧客を検索、住所などの必要情報をコピーして文書に貼り付け、といった流れになると思います。数件程度であればそれほど時間はかかりませんが、この作業を 10 件以上行うとなると 1 時間はかかります。

　このような場合、**Vlookup 関数を使えばコピーアンドペーストをする必要がなくなり、作業時間を大幅に短縮**できます。

　Vlookup 関数を使えば、任意のリストから検索値（キーワード）で検索した結果を表示できます。

　例えば顧客名簿の中から必要な顧客名を検索し、その顧客の住所や担当者を表示することができます。

　使い方としては、顧客へ送付する文書を作成する際に、**顧客名以外の住所や担当者名をすべて Vlookup 関数にしておきます**。このときに検索値（キーワード）を顧客名にしておけば、顧客名が変わるたびに住所や担当者も自動的に変わるようになります。

　10 社に同様の文書を送るとしても、顧客名を 10 回変えるだけで済みますので作業時間を大幅に短縮することができます。

Vlookup 関数の機能紹介

A1 の顧客名を変更する。
ロコワーフ株式会社→株式会社
クォートランド

A3 から A7 の情報が自動的に
変更される

A3 に入る関数 Vlookup 関数の解説

$$=VLOOKUP(A1,Sheet2!B:F,2,FALSE)$$

「FALSE」
検索方法のこと。
FALSE でよい

「A1」
検索値のこと。
ここでは顧客名。
「ロコワーフ株式
会社」

「Sheet2！B：F」
範囲のこと。範囲を Sheet2
（下図参照）の B 列から F
列に設定。このとき検索値は
B 列の顧客名列を検索する

「2」
列番号のこと。2番目
の列、つまり Sheet2
の C 列の内容を表示す
るということ

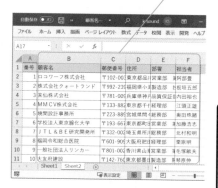

Sheet2 に顧客名簿がある
B 列は顧客名の列
C 列は郵便番号
D 列は住所
E 列は部署
F 列は担当者

Chapter 4 Excel は仕事効率化の最強アプリ

35

条件によってセルの色を
自動的に変える

>>> 「条件付き書式」を使えば
勤務表の色分けも一瞬でできる

Excel にはセルに色を付ける機能があります。例えば勤務表作成時、土曜日と日曜日のセルをそれぞれ青と赤で色分けすれば見やすくなります。

一見簡単な作業のように思えますが、土日は1年にそれぞれ52回ほどあるので104カ所に色を付けなければなりません。これを手作業で行うのは手間ですし、毎年行うとなると気持ちも滅入ってしまいます。

こんなときは「条件付き書式」を使いましょう。

条件付き書式とは、あらかじめ設定しておいた条件に合致したときに、自動的にセルの色を変える機能のことです。例えば「セルに『土』と書かれたら青に変える」という条件を設定しておけば、実際に「土」と書かれるとセルの色が自動的に青色に変わります。

また、条件付き書式は複数作成することもできるので、「日」や「祝」は赤色にする、という条件を追加するのも手です。こうして一つ一つ色を変える手間も省け、条件が設定されたシートを一度作成してしまえば、翌年以降も使いまわすことができます。

条件付き書式は予定の管理にも便利な機能です。**セルに予定日を記入しておけば、その予定日に近づいてきたらセルの色が自動的に変わる**のでひと目でわかります。

私は特許業務の管理をするときにこの条件付き書式を使っています。特許の更新日が近づいてきたら自動的に赤くなるので、アラーム代わりになっています。

条件付き書式の機能 セルの色を変える

条件付き書式
B列の曜日が「土」
なら青色になる条
件を設定

すべてのセルに色が付いていない

土曜日だけ青色になる

条件付き書式の設定方法

メニューの「ホーム」→「条件付き書式」→「新しいルール」→「数式を使用して、書式設定するセルを決定」

数式を以下に設定

=$B1="土"

「$B」
曜日のB列

「1」
ここは1固定

書式を青に
設定

「ルールの管理」 から適用先を設定

=$1:$1000

1行目から1000行目まで適用

これで「土」の付くセルは行ごとに青色になる

36

セルの表示形式を 関数で設定

>> Text 関数を使って複雑な表示も一瞬でできる

Excel のセルは表示形式の設定をすれば日付用や金額用に変えることができます。例えばセルに 4 - 1 と書いたあとに表示形式を日付にすると 2020 年 4 月 1 日と表示されたり、20000 と書いたあとに表示形式を通貨にすると￥20,000 と表示されたりします。これはセルの書式設定から設定できます。

同様の設定は関数からも行うことができます。ここで使うのは Text 関数です。

例えば勤務表を作成するときには、日付のセルと曜日のセルが必要になります。A 列は日付、B 列は曜日として、あらかじめ日付を入力しておきます。ここで Text 関数を使い、日付を参照して曜日を順に月、火、水と表示していきます。

Text 関数の書き方は＝ Text（値 , " 表示形式 "）です。「値」は A 列の日付、「表示形式」は曜日のものを入力します。曜日の表示形式は "aaa" です。これにより、日付に応じて曜日も自動的に変わるようになります。

また、複雑な表示形式を用いる場合には Text 関数が最適です。例えば 1 つのセルに「2020 年 5 月 1 日　￥1,100　消費税 10% 込み」と表示したいときに、それぞれ別々のセルに記載されている「日付」、「金額」、「消費税率」をまとめることができます。

このような表示の方法はセルの書式設定からはできず、Text 関数でしか行えません。セルをまとめるのにはとても便利なテクニックです。

Text 関数の活用　曜日の自動記入

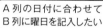

A 列の日付に合わせて
B 列に曜日を記入したい

B2 に Text 関数
を記入

B2 に「水」が自動で
記入された

Text 関数の解説　B2

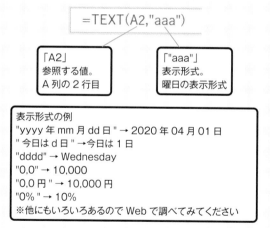

=TEXT(A2,"aaa")

「A2」
参照する値。
A 列の 2 行目

「"aaa"」
表示形式。
曜日の表示形式

表示形式の例
"yyyy 年 mm 月 dd 日 " → 2020 年 04 月 01 日
" 今日は d 日 " → 今日は 1 日
"dddd" → Wednesday
"0,0" → 10,000
"0,0 円 " → 10,000 円
"0% " → 10%
※他にもいろいろあるので Web で調べてみてください

37

複数の行やセル、シートを まとめて処理する

》 Ctrl や Shift を使えば同時に処理が行える

Excel では行と行の間に新たに行を挿入することができます。例えば 1 カ月分の勤務表を作成したあとに、1 週間ごとの勤務時間集計の行を追加する場合、行の挿入を 4 回行うことになります。この作業は、行を複数選択することで一度に終わらせることができます。

(1) 行の複数選択

Ctrl を押しながら任意の行をクリックします。例えば Ctrl を押しながら 4 つある土曜日の行をクリックすると 4 つすべての土曜日が選択されます。あとは行の挿入を行えば土曜日の行の一行上にまとめて行が追加されます。

同じ方法でセルの複数選択を行うこともできます。残業した日をまとめて赤色に表示したいときなどは、行の複数選択と同様に Ctrl を押しながら任意のセルを選択してセルの色を変えます。

(2) シートの複数選択

例えば勤務表をシートごとに 4 月、5 月……と分けていて、4 月と 10 月の勤務表にだけ先頭行に 1 行挿入したいときは、Ctrl を押しながら 4 月と 10 月のシートをクリックして選択します。この状態で、どちらかのシートの先頭行に 1 行挿入すれば 4 月と 10 月両方の勤務表の先頭行に 1 行挿入されます。

(3) シートの範囲選択

Shift を押しながらシートをクリックすれば範囲選択ができます。例えば 1 月から 12 月までのすべてのシートを選択した状態で印刷をすれば、12 カ月分の勤務表を一度に印刷することができます。

行の複数選択方法

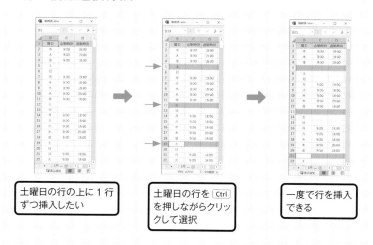

土曜日の行の上に1行
ずつ挿入したい

土曜日の行を Ctrl
を押しながらクリッ
クして選択

一度で行を挿入
できる

シートの複数選択方法

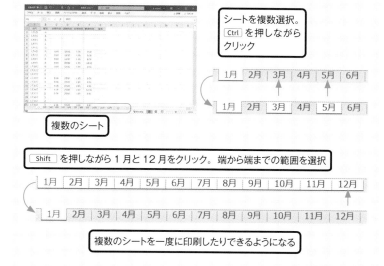

複数のシート

シートを複数選択。
Ctrl を押しながら
クリック

1月 2月 3月 4月 5月 6月

1月 2月 3月 4月 5月 6月

Shift を押しながら1月と12月をクリック。端から端までの範囲を選択

1月 2月 3月 4月 5月 6月 7月 8月 9月 10月 11月 12月

1月 2月 3月 4月 5月 6月 7月 8月 9月 10月 11月 12月

複数のシートを一度に印刷したりできるようになる

38

セルのコピーアンド
ペーストの裏ワザ

10 min 短縮

> ### 上のセルと左のセルはワンアクションで
> ### コピペできる

　Excelで作業中、上のセルと同じデータをコピーして貼り付けることはたびたびあります。例えば勤務表に出勤時刻を記入するとき、毎日同じ時刻に出勤するならいちいち書き込まずに前日の出勤時刻をコピーアンドペーストするかと思います。

　コピーアンドペーストも簡単ですが、もっと簡単に記入する方法があります。

　それが Ctrl + D と Ctrl + R です。

　Ctrl + D は上のセルのデータをコピーアンドペーストするショートカットです。勤務表なら、毎日の出勤時刻が縦に連続して並んでいるときに使うことができます。

　この方法を使って複数のセルを一度に処理する場合は、コピー元のセルも選択する必要があります。火曜日から金曜日までの出勤時刻を月曜と同じにしたいときは、月曜から金曜までを選択して Ctrl + D を押します。

　私は帳簿で関数を使うときにこの機能をよく使います。帳簿では一列丸ごと同じ関数を使うのでとても便利です。

　Ctrl + R は左のセルのデータをコピーアンドペーストするショートカットです。予算表を作成するときに、月ごとの予算が列ごとに連続している場合、同じ金額を一瞬で打ち込むことができます。

　ちなみに、下のセルや右のセルのデータを一度にコピーアンドペーストできるショートカットは存在しません。

Ctrl + D で上のセルをコピーアンドペースト

本日の出勤時刻を9時と打ちたい。
前日の上のセルと同じ時刻

Ctrl + D
本日の出勤時刻が前日の出勤時刻
と同じ9時となる。
1つ上のセルをコピーアンドペース
トしてくれる

Ctrl + R で左のセルをコピーアンドペースト

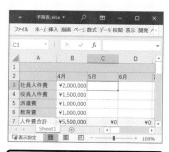

今月の予算も200万円と打ちたい。
前月の左のセルと同じ金額

Ctrl + R
今月の予算に前月の金額がコピー
アンドペーストされる

Chapter 4 Excel は仕事効率化の最強アプリ

39

画面上のアイコンすべてを
マウスなしで実行する

10 min 短縮

≫ Alt や F6 の活用テクニック

Excelの画面上に表示されるアイコンはすべてマウスなしで実行できます。Excelを起動中に Alt を押すと小さな文字が表示されるのですが、見たことはないでしょうか？ この小さな文字はショートカットキーです。

例えば Alt を押したあとで N を押すと、タブの「挿入」をクリックしたときと同じ動作をします。「挿入」のリボンには再びショートカットキーが表示され、各機能をマウスなしで実行できます。

これは大変便利な機能です。**マウスを使う必要も、ショートカットキーを覚える必要もない**からです。

また、Alt を押したあとに → や ← でタブを選択、↓ でタブをクリックすることができ、表示される文字を見ることなく操作することもできます。

ショートカットキーの表示は Alt または Esc で消すことができます。

F6 を押すと画面下のシートを選択することができます。

また、F6 を2回押すと、「ズームスライダー」などの**画面下のタブを選択できます**。画面表示を拡大したときは、F6 を2回押してから方向キーでズームスライダーを選択、「＋」を Space で押すことでできます。

ちなみに F6 を3回連続で押すと、Alt を押したときと同様にタブのショートカットキーが表示されます。

このようにすべてのアイコンをキーボードで操作できるのです。

Alt マウスなしでタブやリボンの機能を使う

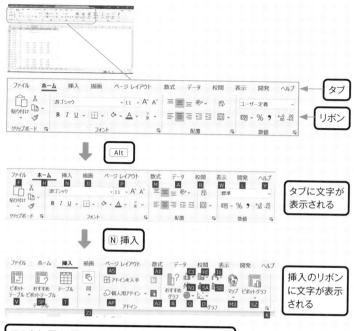

ファイル　**ホーム**　挿入　描画　ページ レイアウト　数式　データ　校閲　表示　開発　ヘルプ ◀── タブ

◀── リボン

↓ Alt

タブに文字が
表示される

↓ N 挿入

挿入のリボン
に文字が表示
される

このあと S と Z を押すとピボットグラフを実行できる

F6 マウスなしでシートの選択やズーム機能を使う

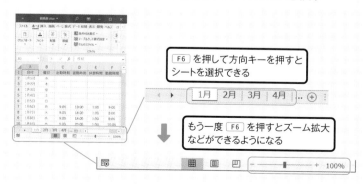

F6 を押して方向キーを押すと
シートを選択できる

もう一度 F6 を押すとズーム拡大
などができるようになる

40

セルの移動はショートカットキーが断然速い

30 min 短縮

≫ Ctrl ＋方向キーと覚えておこう

　Excel で行が大量になると、一番下の行に行ったり先頭行に行ったりするのが大変になります。100 行以下であれば ↓ を押したりマウスのホイールを回したりして移動すると思いますが、それ以上になるとスライドバーを使うことになるでしょう。しかし 1,000 行以上になるとスライドバーを動かすのも大変になります。

　そんなときは Ctrl ＋ ↓ や Ctrl ＋ ↑ を使うと便利です。一瞬で一番下の行や先頭行に移動できます。

　Ctrl ＋ ↓ で一番下の行まで一度に移動するには、それまでのセルすべてにデータが入力されている必要があります。もし途中に空白セルがあれば、そのセルの 1 つ手前のセルまで移動することになります。

　他にも、先頭行に一瞬で移動するには Ctrl ＋ ↑ 、表の右端に移動するには Ctrl ＋ → 、左端に移動するには Ctrl ＋ ← を押します。

　表の先頭のセルや、データが入力されている末尾のセルに移動したい場合は Ctrl ＋ Home と Ctrl ＋ End を押すことで可能です。

　このテクニックは表全体を選択したいときに便利です。A1 のセルを選択した状態から Shift ＋ Ctrl ＋ End を押すことで全体を選択することができます。

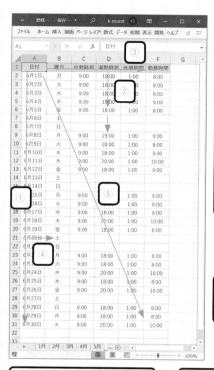

①
A1 から Ctrl + ↓
A1 から A31 まで一瞬で移動

②
D1 から Ctrl + ↓
D1 から D6 まで一瞬で移動
（D7 が空白セルのため）
そこからまた Ctrl + ↓ をすると
D6 から D9 へ一瞬で移動

③
A1 から Ctrl + →
A1 から F1 まで一瞬で移動

④
A21 から Ctrl + →
A21 から B21 まで一瞬で移動
（C21 が空白セルのため）

⑤
A1 から Ctrl + End
A1 から F31 まで一瞬で移動

41

マウスの右クリックを
キーボードで素早く行う

≫「アプリケーションキー」を使いこなす

　Excel では、マウスの「右クリック」で表示されるメニュー（本来はコンテキストメニューといいます）をよく使います。例えば行を挿入したいときや、図の書式設定をしたいときなど、必須のメニューと言えるのではないでしょうか？

　このメニューを、マウスではなくキーボードで使うことができたら非常に便利です。ここでは「アプリケーションキー」から行う方法を紹介します。

　「アプリケーションキー」とは、キーボードの右下にあるキーのことです。**このキーを押せばマウスの「右クリック」と同様のメニューが表示されます。**

　さらにこのメニューからはショートカットキーを使うことができます。例えば行の挿入を行う場合は**「行の挿入（I）」の表示通り、I を押せば行の挿入が実行**されます。

　「アプリケーションキー」が付いていないキーボードをお持ちの方は、 Shift + F10 でも可能です。

　ところで、行の挿入は Ctrl + + でもできますが、そんなマイナーなショートカットキーを覚える必要はないと思います。Excel のショートカットキーは 200 個以上もあり、すべてを覚えることは到底できません。それよりも、マウスの「右クリック」をキーボードで行うようにしたほうが簡単ですし、**マウスを使わない分時短にもつながります。**

マウスの「右クリック」のメニューをキーボードで行う

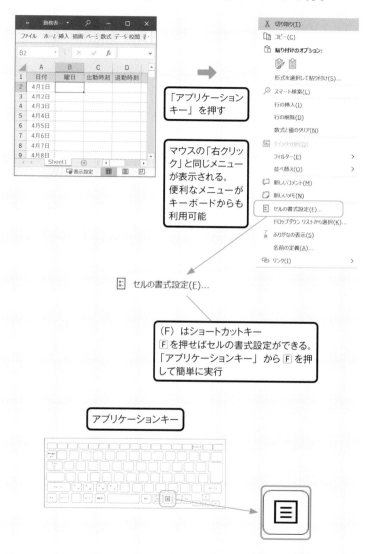

「アプリケーション
キー」を押す

マウスの「右クリック」と同じメニューが表示される。
便利なメニューがキーボードからも利用可能

切り取り(T)
コピー(C)
貼り付けのオプション:
形式を選択して貼り付け(S)...
スマート検索(L)
行の挿入(I)
行の削除(D)
数式と値のクリア(N)
クイック分析(Q)
フィルター(E)
並べ替え(O)
新しいコメント(M)
新しいメモ(N)
セルの書式設定(E)...
ドロップダウン リストから選択(K)...
ふりがなの表示(S)
名前の定義(A)...
リンク(I)

セルの書式設定(E)...

（F）はショートカットキー
Fを押せばセルの書式設定ができる。
「アプリケーションキー」からFを押
して簡単に実行

アプリケーションキー

42

条件が複数のIf関数式を見やすくする

30 min 短縮

≫ And関数やOr関数でつなげる

If関数は条件によって結果を変えることができる便利な関数です。ただ、条件が増えるほど式が複雑になるので、厄介でもあります。

私が仕事で行う特許料の計算では料金の計算式が少し複雑で、条件が5つもあり、それによって計算式が8つに分かれます。この5つの条件を5つの質問と考えます。すると、条件1は該当するのか？ 条件2は該当するのか？ 条件3は？ ……といったように、5回質問をするのと同じことになります。

しかし、これをIf関数で書くと式が複雑になってしまいます。If関数の中にIf関数を書き、さらにその中にIf関数を書く、といったことを5回繰り返し、その都度Yesだったときの計算式とNoだったときの計算式を書かなければなりません。さらには、どの条件パターンがどの計算式になるのかがひと目ではわからなくなり、あとで解析するのに苦労することになります。こうした式を単純にするためには、**And関数やOr関数を使うことをおすすめします。**

（1）And関数

複数の質問を一度に行います。例えば、条件1と条件2の両方に当てはまりますか？ といったような質問方法になります。こうして**If関数の式が単純化され、ひと目でわかるようになります。**

（2）Or関数

こちらも複数の質問を一度に行います。条件1と条件2のどちらかに当てはまりますか？ といった聞き方です。

条件が5つもある複雑な If 関数式を単純にする

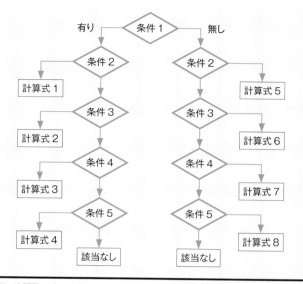

単純に If 関数で書いたときは以下のように複雑になる。

= If（条件1, If（条件2, 計算式1, If（条件3, 計算式2,If（条件4, 計算式3, If（条件5, 計算式4,"該当なし")))),If（条件2,計算式5, If（条件3,計算式6,If（条件4,計算式7、If（条件5,計算式8,"該当なし")))))

And 関数を使って書けば以下のようにわかりやすくなる。

= If（And（条件1有り, 条件2）,計算式1,
If（And（条件1有り, 条件3）,計算式2,
If（And（条件1有り, 条件4）,計算式3,
If（And（条件1有り, 条件5）,計算式4,
If（And（条件1無し, 条件2）,計算式5,
If（And（条件1無し, 条件3）,計算式6,
If（And（条件1無し, 条件4）,計算式7,
If（And（条件1無し, 条件5）,計算式8,"該当なし"))))))))
※わかりやすいように改行済。
計算式が1から8まで箇条書きになっていて一目でわかる

43

ピボットテーブルで重複データを簡単にまとめる

30 min 短縮

》使い方を覚えれば強力なツールになる

　Excel で顧客帳簿を作るとき、顧客名が重複していることがあります。そんなときは、一つ一つ顧客名を調べて消す作業、つまり「名寄せ」をすると思います。1 件程度の名寄せであればそれほど時間がかかりませんが、5 件以上もあると大変です。「重複の削除」という機能を使えばすぐに作業が終わりますが、ここではピボットテーブルを使って重複データの削除を行う方法を紹介します。

　ピボットテーブルはデータを集計して分析するためのツールです。顧客帳簿の場合、顧客名が1つにまとまるので名寄せもできます。方法は簡単。**集計対象の帳簿を選び、挿入タブのピボットテーブルをクリックして、あとは表示を設定すれば完了**です。

　他にも、例えば取引先からの請求を管理する帳簿があるとします。いつ、どの会社から、いくら請求されたか、といったことを記帳したものです。この帳簿では取引先が重複します。ここでピボットテーブルを使って帳簿を集計すれば、今月は費用がいくらかかったとか、この取引先には今年いくら支払ったか、といったことがすぐにわかるようになります。

　注意点としては、**ピボットテーブルで月ごとや年ごとの集計を出すには、帳簿の日付列に日付データを入れなければならない**ということです。もし日付以外のデータを入れると、ピボットテーブルで月ごとや年ごとの集計が表示されません。そのルールさえ守れば、ピボットテーブルは非常に便利なツールとなります。

ピボットテーブルで集計する例　支払帳簿

ピボット
テーブル
を使う

支払帳簿に支払った会
社の日付と金額を記帳

月ごと、会社ごとに金額を集計で
きる。
名寄せもこの機能でできる

ピボットテーブルの作り方

対象の帳簿（日付、会社、金額
の列）を選択し、「挿入」タブの
「ピボットテーブル」を選択

ピボットテーブル作成画面にな
り、日付、会社名、金額にチェッ
クを入れる。
これで集計テーブルが作られる

44

処理したセルを見失ったときに使える裏ワザ

》》「元に戻す」と「やり直し」を駆使する

Excel で使えるショートカットキーを覚えると、作業が速くなるという利点があります。しかし、処理が速く進みすぎてしまい、どのセルを作業したのかがわからなくなることがあります。

例えばあるセルの内容を修正して移動したあとに、先ほど修正したセルのところに戻りたいときがあるとします。どのセルを修正したのかを覚えていればいいのですが、そうでなければセルを探すことになり、表が 50 行以上に及ぶときなどは大変です。

こんなときにはトリッキーですが「元に戻す」と「やり直し」を使います。

元に戻すには Ctrl ＋ Z で処理します。元に戻す処理を繰り返していくと、いずれ見つけたいセルのところまで戻ることができます。そのセルの位置を覚えたあと、今度はやり直しを繰り返して、元通りにします。**やり直しは Ctrl ＋ Y でできます。**

元に戻す処理はある程度スキップすることができます。画面左上に「元に戻す」のアイコンがあり、そこの「下矢印」をクリックすると履歴が表示されるので、あとは戻したいところを選んでクリックします。

この方法の注意点としては、**「元に戻す」をしたあと「やり直し」で元通りにするまで他の処理をしない**ことです。もし「元に戻す」をしたあとで他の処理、例えば文字を入力する、などをしてしまうと「やり直し」が効かなくなってしまいます。他の処理を行う前には必ず「やり直し」で元通りにしてください。

修正したセルがどこかわからなくなったときの特定方法

金額を修正したセル、このあと他の作業をしてセルを見失ってしまう

Ctrl + Z をしてセルを特定し、そのあと Ctrl + Y で元通りに直す。
※元通りにする前に他の処理をしてはならない

元に戻す処理をスキップ

「下矢印」

最新処理

古い処理

画面左上の元に戻すアイコンの近くの「下矢印」をクリックすると、処理してきた一覧が表示されるので、どこまで戻すのかを選択できる。上が最新の処理で下が古い処理

45

文字の結合、
改行を一度に行う

≫ ＆関数とChar関数を使ったテクニック

　Excelで顧客名簿を作る際には、会社名、部署名、担当者名などの要素が入ります。例えばお客様へのメールの宛先に「ロコワーフ株式会社　営業部　第二課　阿部豊　様」と書きたいときは顧客名簿からデータを一つ一つコピーして貼り付けると思いますが、毎回この作業を行うのは少し面倒です。そんなときは＆関数を使って宛名のデータを1つのセルにまとめておきます。

(1) データを1つにまとめる

　＆関数は文字と文字をつなげる関数です。例えば先ほどの顧客名簿から宛先を作るときに、**B2の会社名、C2の部署名、D2の担当者名をつなぎ合わせ、それぞれスペースで区切る関数式を作る**と、「＝B2＆"　"＆C2＆"　"＆D2＆"　様"」となります。

(2) 複数行に分けて書く

　宛先を複数行に分けて書きたいときはChar関数を使います。**Char(10)と書けばセル内が改行される**ので、これを先ほどの式に入れると複数行にすることができます。

(3) Textjoin関数

　宛先はTextjoin関数でも作成できます（Excelのバージョンによっては使えない）。**宛先となるデータの指定、区切り文字の設定を行えば、宛先をまとめて自動で作成**します。区切り文字はスペースでもChar(10)でもOKです。

　なお、セル内改行された宛先をコピーしてメールに貼り付けると行頭と行末に「"」が付きます。貼り付けたあとに削除しましょう。

&関数　顧客名簿から文字をつなげて宛先の作成

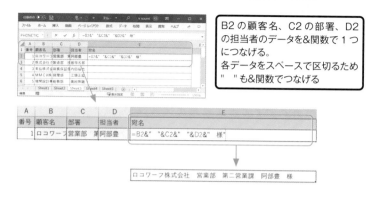

B2 の顧客名、C2 の部署、D2 の担当者のデータを&関数で1つにつなげる。
各データをスペースで区切るため " " も&関数でつなげる

A	B	C	D	E
番号	顧客名	部署	担当者	宛名
1	ロコワーフ	営業部	第阿部豊	=B2&" "&C2&" "&D2&" 様"

ロコワーフ株式会社　営業部　第二営業課　阿部豊　様

Char (10) で宛先を複数行にする

A	B	C	D	F
番号	顧客名	部署	担当者	宛名
1	ロコワーフ	営業部	第阿部豊	=B2&char(10)&C2&char(10)&D2&" 様"

スペースの代わりに Char (10)

A	B	C	D	E
番号	顧客名	部署	担当者	宛名
1	ロコワーフ	営業部	第阿部豊	ロコワーフ株式会社 営業部　第二営業課 阿部豊　様

改行して作成される。
※書式設定「折り返して全体を表示する」にチェックを入れる

Textjoin 関数

A	B	C	D	E
番号	顧客名	部署	担当者	宛名
1	ロコワーフ	営業部	第阿部豊	=TEXTJOIN(" ",TRUE,B2:D2)&" 様"

=TEXTJOIN(" ",TRUE,B2:D2)&" 様"

上記と同じように宛先が作成される

" "
区切り文字スペース

TRUE
ここは固定

B2:D2
宛先の対象データ

46

表の行と列を 一瞬で入れ替える

》》貼り付けオプションを使いこなす

Excel の表を縦向きと横向きのどちらにするかは、作成する表の種類によって変わります。例えば帳簿は縦向きの表が多いですし、QC 活動などのガントチャートは横向きの表がメインです。

ただ、ガントチャートなど縦向きでも見やすそうな表では、横向きと縦向きの 2 つの表を比較したいときがあります。しかし、両方を一から作るのは大変です。そんなときは「行／列の入れ替え」を使います。

行／列の入れ替え機能は貼り付け時のオプションです。横向きのガントチャートをコピーして別のシートに貼り付けるときに、「右クリック」か「アプリケーションキー」でメニューを表示して、**貼り付けオプションの「行／列の入れ替え」を選択**します。こうして行と列が入れ替わった表が貼り付けられ、一瞬にして縦向きのガントチャートを作成できます。

貼り付けオプションには他にも便利な機能があります。例えば**「値」を選べばデータのみを貼り付ける**ことができ、セルの色や罫線などは変わりません。**「数式」を選べば関数の式を貼り付ける**ことができます。

また、「形式を選択して貼り付け」を選べば、いろいろな貼り付け方法を選択することができます。例えばコメントのみを貼り付けたいときや、入力規則を貼り付けたいときに使うことができます。私はこの機能をよく使っています。興味があればいろいろと試してみてください。

ガントチャートの行と列を入れ替える

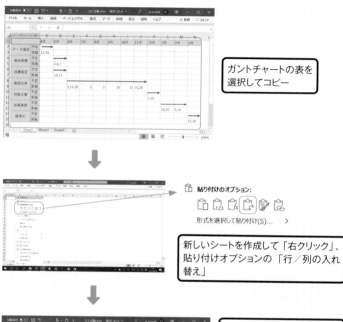

ガントチャートの表を
選択してコピー

貼り付けのオプション:

形式を選択して貼り付け(S)... >

新しいシートを作成して「右クリック」、
貼り付けオプションの「行/列の入れ
替え」

行と列が入れ替わったガント
チャートが作成される。
※青矢印は入れ替わらない

「Excel」
ショートカットキー

Alt + Enter	セル内で改行
Ctrl + 「ドラッグアンドドロップ」	画像を選択した状態で、画像のコピーアンドペースト
Ctrl + D	上のセルをコピーアンドペースト
Ctrl + R	左のセルをコピーアンドペースト
F6	メニュー項目やズームスライダー項目へカーソル移動
Alt	メニュー項目へカーソル移動
Ctrl + 方向キー	各方向の端（正確には空白セルの一つ手前）まで移動
Shift + 方向キー	セルを複数選択
アプリケーションキーまたは Shift + F10	マウスを右クリックしたときのメニュー表示
Ctrl + Z	元に戻す
Ctrl + Y	元に戻したのをやり直す
Ctrl + 1	セルの書式設定
F4	直前の処理を再度実行
Ctrl + End	表の右下へ移動
Ctrl + Home	表の左上へ移動
F12	名前を付けて保存

5章

Wordが驚くほど
使いやすくなる

　Wordは文書を作成するのに最適なアプリです。しかし、使い勝手の悪さから嫌っている人が多くいます。これはWordに搭載されているおせっかい機能のせいだと思います。英文を入力しているときに、行頭の小文字が勝手に大文字に変換されたりして、イライラしたことはないでしょうか？

　しかし、そんな機能を外してしまえばWordはとても使いやすい文書アプリに変わります。それどころかWordでしか使えない時短ワザも多数あるので、文書を作成するにはやはりWordが一番おすすめです。

　この章ではおせっかい機能の設定方法や、仕事に役立つテクニックを紹介していきます。

47

複数のファイル名を
一気に貼り付ける

⨠ パスのコピーと矩形選択を活用する

　Word で報告書を書くときに、参考資料としてファイル名を載せることがあります。ファイルからファイル名をコピーして貼り付けると思いますが、その数が多くなると処理にも手間がかかります。そんなときには、**ファイル名をまとめてコピーし、矩形選択で加工すると簡単**にできます。

（1）パスをまとめてコピー

　ファイル名をまとめてコピーするにはパスのコピーを利用します。パスとは、ファイルの場所とファイル名が書かれた文字列のことです。例えば以下のようなイメージになります。

　"C:¥Users¥Kiichi¥Desktop¥ 参考資料 ¥ 特許 1234567.PDF"

　このうち「C：￥…￥…￥…￥」がファイルの場所、「特許1234567.PDF」がファイル名になります。

　コピー方法は**対象となるファイルを選択してから** Shift ＋「右クリック」でメニューを出し、「パスのコピー（A）」を選択します。ファイルを複数選択して同様の処理を行えばまとめてパスをコピーできます。コピーしたものを Word に貼り付けて完了です。

（2）Word の矩形選択

　Word の矩形選択は、マウスの範囲選択と同じようなものです。Alt を押しながら「ドラッグアンドドロップ」をすれば、四角い枠で文字列を選択できます。Word に貼り付けた複数のパスから、ファイル名以外の部分を矩形選択で一気に選択し Delete を押せば、ファイル名だけを残すことができます。

パスをまとめてコピー

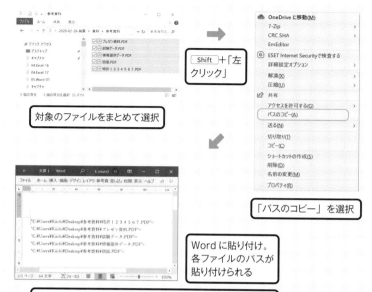

Shift + 「左クリック」

対象のファイルをまとめて選択

「パスのコピー」を選択

Word に貼り付け。
各ファイルのパスが
貼り付けられる

※パスとはファイルの場所とファイル名が記載されたもの

矩形選択で不要な文字を一括削除

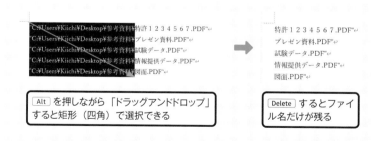

Alt を押しながら「ドラッグアンドドロップ」
すると矩形（四角）で選択できる

Delete するとファイル名だけが残る

48

封筒の宛名を簡単きれいに印刷する

30 min 短縮

>> 封筒の写真を貼り付ければ正確に記入できる

　みなさんはどのように封筒に宛名を書いていますか？　1、2件なら手書きでもそんなに時間はかかりません。ただこの作業が10件もあると大変です。数が多いときは、プリンターでシールラベルに印刷して、1枚1枚封筒に貼り付けたりしていると思います。

　しかし、シールラベルはコストもかかるし、貼り付け作業も発生していまいます。**一番簡単なのは直接プリンターで封筒に印刷する方法**ですが、郵便番号や住所を書く位置に気を付けなければなりません。

　そんなときは、Wordを使うと正確な位置に宛先を印刷することができます。※プリンターが封筒印刷に対応している必要があります。

　まずは**Wordのページのサイズを封筒のサイズにします**。角型2号の封筒であれば縦と横のサイズは332mm×240mmですので、その値に設定します。これで封筒のサイズで印刷することができます。

　もし封筒に郵便番号用の7つの枠があったり、会社専用の封筒で書式が決まっていたりするときは、正確な位置に印刷しなければなりません。そんなときは、**封筒の写真を撮りWordに挿入、封筒のページサイズになるまで写真を引き伸ばします**。

　これで記入欄の位置を確認できるので、**その位置にテキストボックスで宛先を記入**します。あとはそのまま印刷すれば、封筒の正確な位置に文字が入ります。

Word のサイズを封筒（角型 2 号）にする方法

Word で以下の操作
をする。
「レイアウト」→「サ
イズ」→「その他用
紙のサイズ」を選択

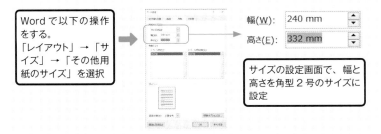

幅(W): 240 mm

高さ(E): 332 mm

サイズの設定画面で、幅と
高さを角型 2 号のサイズに
設定

封筒の写真を貼り付ける方法

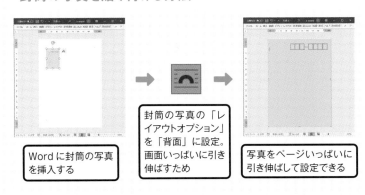

Word に封筒の写真
を挿入する

封筒の写真の「レ
イアウトオプション」
を「背面」に設定。
画面いっぱいに引き
伸ばすため

写真をページいっぱいに
引き伸ばして設定できる

封筒に印刷する方法

Word に貼り付けた
封筒の写真

封筒をイメージしながらテキストボックス
で宛先を記入。郵便番号の枠にも正確
に記入できる。そのあと印刷して完了

49

Wordのおせっかいな自動修正をストップ

30 min 短縮

≫ オートコレクトをオフにする

Wordで文字を打っていると、意図しない文字が自動で入力されてイライラする、そんな経験はないでしょうか？　英単語をすべて小文字で書きたいのに頭文字が勝手に大文字になってしまったり、改行したら勝手に字下げされてしまったり、直してもまた同じ結果になって、ストレスになると思います。

これらは**すべてオートコレクトという機能が原因**です。オートコレクトとは、文字入力を補佐するための機能であり、全部で50個ほどあります。本来ならば役に立つはずのこの機能も、使う人によってはおせっかいに感じてしまいます。私は半分ほど機能をオフにしており、イライラすることはなくなりました。

オートコレクトの設定は「オートコレクトのオプション」から行うことができます。この中でイライラの原因となるのは**「オートコレクト」と「入力オートフォーマット」の項目**です。「オートコレクト」には8個の設定項目、「入力オートフォーマット」には22個の設定項目があります。これら30個の設定をすべてオフにしてもいいくらいですが、私の場合は「オートコレクト」は2つ、「入力オートフォーマット」は4つだけ設定をオンのままにしています。

オンにしている「オートコレクト」の設定2つは、英語のスペルを自動で直す機能です。「入力オートフォーマット」では、URLやメールアドレスを自動でハイパーリンクに変える機能や、「拝啓……敬具」を自動で入力する機能などをオンにしています。**Wordのオートコレクトはこの程度で十分**なのです。

オートコレクトの設定　おせっかいな自動修正をオフ

設定は「ファイル」→「オプション」→「文章校正」→「オートコレクトのオプション」から行う。その中の「オートコレクト」と「入力オートフォーマット」を設定する

オートコレクト画面　2つだけ設定オン、あとはオフ

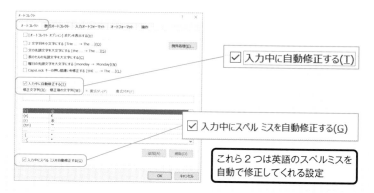

☑ 入力中に自動修正する(T)

☑ 入力中にスペル ミスを自動修正する(G)

これら2つは英語のスペルミスを自動で修正してくれる設定

入力オートフォーマット画面　4つだけ設定オン、あとはオフ

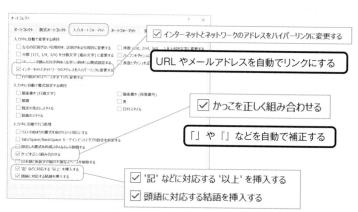

☑ インターネットとネットワークのアドレスをハイパーリンクに変更する

URL やメールアドレスを自動でリンクにする

☑ かっこを正しく組み合わせる

「」や『』などを自動で補正する

☑ '記' などに対応する '以上' を挿入する

☑ 頭語に対応する結語を挿入する

定型文章を記述してくれる。行頭に「記」や「拝啓」と書くと、「以上」や「敬具」が自動で下の行に入る

50

同じファイルを2つ並べて表示する

≫「新しいウィンドウを開く」機能を活用

　Wordには文章だけでなく、写真やグラフなどの画像も入るので、画像を見ながら文章を読むことがあると思います。しかし、パソコンの画面が小さいと、画像が載っている画面と文章が記載されている画面を行ったり来たりして見比べることになり、非常に手間です。

　文書を印刷して文章と画像を横に並べて見比べることもできますが、印刷するのも面倒です。しかも、修正やコメントなどを入れたくなった場合は、パソコン画面に戻って修正箇所を探して作業することになります。今度は印刷した紙とパソコン画面を見比べることになり、余計に手間が増えます。

　そんなときは同じファイルを複数開き並べて表示すると便利です。

　同じファイルを複数開くには、**表示タブの中の「新しいウィンドウを開く」機能を利用**します。この機能を使うと**いま開いているWord画面が新たに1つ追加で開き、同じ内容のファイルが表示**されます。あとはこの2つの画面を横に並べて、1つは文章の箇所を表示し、もう1つは画像の箇所を表示すれば、簡単に見比べることができます。

　どちらの画面で修正をしても、修正は両方に反映されます。また、片方のファイルを閉じてもファイルは消えません。

　新しいウィンドウはいくつでも開くことができますが、多すぎても逆に見にくくなるので、多くても4つまでにすることをおすすめします。

1つの文書を複数画面で表示

Word 画面が 1 つ。
文章と画像のページを見比べること
ができない

Word 画面が 2 つ。
文章と画像のページを見比べること
ができる

設定方法

新しいウィンドウを開く

表示タブの「新しいウィンドウを開く」を
クリック。
Word 画面が 1 つ追加で作成される

並べて比較

表示タブの「並べて比較」をクリック。
2 つの Word 画面が並んで表示される

同時にスクロール

表示タブの「同時にスクロール」のチェッ
クを外す。
2 つの Word 画面で文章と画像を見比べ
ることができる

51

保存していないファイルを
復活するテクニック

30 min 短縮

≫ 自動保存機能を使いこなす

　Wordで文書を作成したあと、保存を忘れて閉じてしまったことはありませんか？　いままでの作業がすべて無駄になってしまうのでひどく落胆します。Wordにはそんなときの救済措置として、自動保存機能があるので文書を復活させることができます。

　自動保存された文書を復活するには、**対象のWordファイルを起動してから「文書の管理」を選択**します。「文書の管理」では数分おきに自動保存された文書を選択できます。完全に元の文書を復活できるわけではないのですが、前回自動保存された数分前の文書を復活することができます。**クリックすると文書が起動、「復元」をクリックすれば元のファイルに反映**されるので、今度は間違えないよう上書き保存をすれば完了です。

　自動保存は、初期設定では10分おきに行われます。1分おきにも設定できますので、そちらのほうがよいでしょう。

　また、保存をちゃんとしていても、途中でファイルが固まり、画面が白くなって、何もできなくなってしまうこともあります。こんなときは、まずは数分間待ったり、他のアプリを閉じてみたりするとよいのですが、それでも直らないときは強制終了で閉じるしかありません。

　その際は、ファイルを再起動したときに画面左に出てくる**自動保存された文書の一覧から復活**させることができます。複数表示される場合は、直近のファイルを選択して元のファイルに上書き保存すれば、強制終了する前の文書を復活させることができます。

保存を忘れて閉じてしまったときの救済措置　自動保存

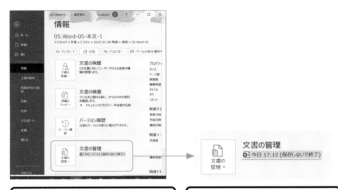

文書の管理
📄 今日 17:12（保存しないで終了）

対象のファイルを再起動。
「ファイル」→「情報」→「文書の
管理」

「今日 17:12（保存しないで終了）」
をクリックすると数分前の文書が復
活する

復元

画面上の復元ボタンを押せば元のファイ
ルに反映されるので、あとは忘れずに
上書き保存すれば OK

自動保存された文書が新たに表示

自動保存の間隔設定　1 分ごとに

☑ 次の間隔で自動回復用データを保存する(A):　1　⟳　分ごと(M)

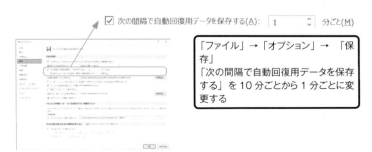

「ファイル」→「オプション」→「保
存」
「次の間隔で自動回復用データを保存
する」を 10 分ごとから 1 分ごとに変
更する

52

パパッと使えるマウスの
文字編集ワザ

≫ マウスと [Ctrl] のコンビネーション

　ここでは Word で使えるマウスのワザを 2 つ紹介します。

(1)「切り取り」「貼り付け」の簡単ワザ

　Word で文書の編集をしていて、ある文字を別の場所に移動したいとき、通常はその文字を選択して切り取り、別の場所に貼り付けます。でも、この作業はマウスの「ドラッグアンドドロップ」だけでできるのです。

　移動したい文字を選択してからマウスで別の場所に「ドラッグアンドドロップ」。こうすれば、マウスだけで「切り取り」と「貼り付け」ができます。

　このとき [Ctrl] を押しながら「ドラッグアンドドロップ」をすれば、**文字をコピーして貼り付ける**ことができます。

　「切り取り」と「貼り付け」には他にも簡単な方法があります。**文字を選択してから移動させたい場所で [Ctrl] +「右クリック」でできる**のです。**移動させたい場所で [Shift] + [Ctrl] +「右クリック」すると、コピーして貼り付ける**ことができます。

(2) 文字をまとめて編集

　例えば複数箇所の文字を赤色に編集したいとき、数が多いと少し面倒です。このとき使えるのが、[Ctrl] +「ドラッグアンドドロップ」。複数箇所の文字を選択して一度に処理することができます。

　方法は、**1 カ所目の文字をマウスで「ドラッグアンドドロップ」して選択、2 カ所目からは [Ctrl] +「ドラッグアンドドロップ」で選択**します。あとはフォントの色で赤字を選択して完了です。

「ドラッグアンドドロップ」で文字を切り取って貼り付け

す。この作業はマ

できます。一文を選択し

たい位置に「ドラッグア

➡

す。この作業はマウスの

す。しかし一文を選択し

たい位置に「ドラッグア

移動したい「しかし」を選択し、カーソルを「しかし」の上に置いてから移動先へ「ドラッグアンドドロップ」

移動完了。切り取りや貼り付けを一切せず、まるで文字をつまんで移動するかのように行えるので簡単

Ctrl +「ドラッグアンドドロップ」なら文字をコピーして貼り付けることができる

す。しかしこの作業はマ

できます。しかし一文を

移動したい位置に「ドラ

Ctrl + 「ドラッグアンドドロップ」で複数選択し、文字を一度に赤字にする

➡

複数箇所を選択。1カ所目は「ドラッグアンドドロップ」で選択、2カ所目以降は Ctrl +「ドラッグアンドドロップ」で選択

あとはフォントの色を赤字にすればまとめて処理できる

53

表を素早くきれいに 作成する3つのワザ

》》「列」を使いこなす

Wordで表を作成するとき、大変な思いをされてはいないでしょうか。ここでは私が表を作る上でよく使う機能を3つ紹介します。ポイントは列です。

(1) 画像を表に挿入する

画像を表にそのまま挿入すると、元々の画像サイズで表示されます。すると表が大幅に崩れてしまうので、画像を縮小しなければなりません。その作業を避けるためには**列の幅を固定**します。画像が列の幅以上に大きくならず、初めから縮小された画像を挿入できます。表も崩れず、画像を縮小する作業も不要です。

(2) 列の幅を同じサイズに揃える

表を作成していると列の幅がバラバラになることがあります。例えば表左端の番号列の幅を小さくすると、となりにある列の幅が連動して大きくなり、列の幅が崩れていきます。バラバラになってしまった列の幅を最後にまとめて整えるには、「**幅を揃える**」機能を使います。この機能では、選択した列だけを等間隔にすることもできるので大変便利です。

(3) 一部の列だけ幅を変える

表の一部の列だけ幅を変えることもできます。例えば表を作成したあと、一番下に備考欄を加えるとします。備考欄の列の幅に表の列の幅を合わせると表が崩れてしまうときは、備考欄の列だけ幅を変えます。**備考欄のセルをマウスで選択した状態で、罫線を動かし**てできます。

画像を表に挿入する

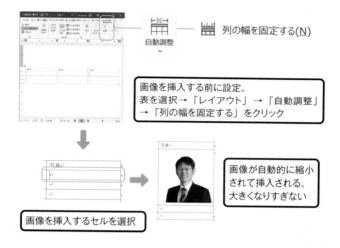

列の幅を固定する(N)

自動調整

画像を挿入する前に設定。
表を選択→「レイアウト」→「自動調整」
→「列の幅を固定する」をクリック

画像を挿入するセルを選択

画像が自動的に縮小
されて挿入される。
大きくなりすぎない

列の幅を揃える

幅を揃えたいセルを選択

「レイアウト」→
「幅を揃える」

右の2列が一発で揃う

一部の列だけ幅を変える

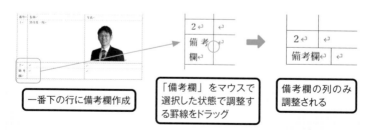

一番下の行に備考欄作成

「備考欄」をマウスで
選択した状態で調整す
る罫線をドラッグ

備考欄の列のみ
調整される

54

一瞬で画像を挿入する

》》 画像ファイルを直接「ドラッグアンドドロップ」

　文章に画像を付けるとイメージが湧き、読みやすくなります。通常は Word に画像を挿入する際、メニューの「挿入」タブから「画像」をクリック、そしてフォルダーから選ぶことになります。「画像」をクリックするとピクチャフォルダーが開きますが、目当ての画像が他のフォルダーにある場合、そこまで移動することになるため手間となります。

　そんなときは**画像ファイルを Word 画面に直接「ドラッグアンドドロップ」すれば、簡単に画像を挿入**できます。

　画像ファイルのアイコンをマウスで挿入したい位置に「ドラッグアンドドロップ」して画像を挿入します。複数の画像を選択すれば一度に挿入することも可能。フォルダーから画像を探す必要がないので一瞬で挿入できます。

　ただ、挿入する画像のサイズが大きい場合は挿入後に縮小する必要があります。1 つ程度であれば大した作業ではないですが、数が多くなってくると結構手間です。

　ここでおすすめしたいのが、テキストボックスを使ったテクニック。**テキストボックスを 1 つ用意し、その中に画像ファイルを「ドラッグアンドドロップ」すると、画像が縮小されて挿入**されます。あとはその画像を切り取って貼り付ければ完了。画像ファイルを複数選択して一度に処理することもできます。

　テキストボックスのサイズをあらかじめ調整しておけば、そのサイズに合わせた画像が挿入されます。

画像ファイルを「ドラッグアンドドロップ」で挿入する

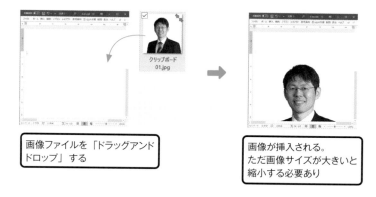

画像ファイルを「ドラッグアンド
ドロップ」する

画像が挿入される。
ただ画像サイズが大きいと
縮小する必要あり

画像ファイルを縮小して挿入する

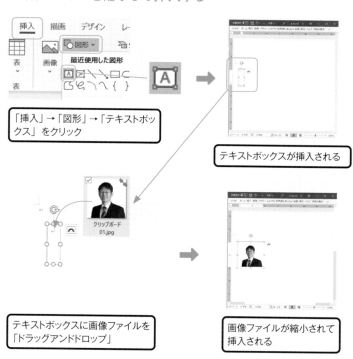

「挿入」→「図形」→「テキストボッ
クス」をクリック

テキストボックスが挿入される

テキストボックスに画像ファイルを
「ドラッグアンドドロップ」

画像ファイルが縮小されて
挿入される

55

Wordで絶対に知って おきたい移動テクニック

マウス不要、ショートカットキーを使いこなす

　文章を書き進めたあとで、文章の先頭に戻ることがあります。文章が2ページ程度であれば ↑ を押したり、マウスのホイールを回転したりすれば移動できますが、3ページ以上になるとスライドバーを使って移動すると思います。その操作は少し手間です。

　ここではショートカットキーでできる移動ワザを紹介します。マウスを使わないので、移動が劇的に速くなるでしょう。

（1）文章の先頭、終わりに移動する

　Ctrl ＋ Home で文章の先頭に移動できます。100ページ目にいても一気に戻ることができるので非常に便利です。文章の終わりに移動するときは Ctrl ＋ End を押します。

（2）次のページ、前のページに移動する

　Ctrl ＋ Page Down で次のページに移動できます。ページをめくっていく感覚で進むことができます。前のページに移動するときは Ctrl ＋ Page Up を押します。

（3）次の画面、前の画面に移動する

　Page Down で次の画面に移動できます。パソコン画面に映る分だけを移動するので、大体半ページ分くらい一気に移動できます。前の画面に移動するときは Page Up を押します。

（4）次の段落、前の段落に移動する

　Ctrl ＋ ↓ で次の段落に移動できます。段落ごとに移動できるので、細かく移動したいときに便利です。前の段落に移動するときは Ctrl ＋ ↑ を押します。

文章の先頭や最後に一気に移動

先頭ページ

途中ページ

最終ページ

先頭に一気に移動
Ctrl + Home

最後に一気に移動
Ctrl + End

前のページや次のページに一気に移動

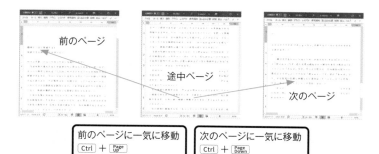

前のページ

途中ページ

次のページ

前のページに一気に移動
Ctrl + Page Up

次のページに一気に移動
Ctrl + Page Down

前の段落や次の段落に一気に移動

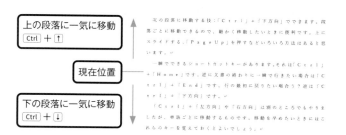

上の段落に一気に移動
Ctrl + ↑

現在位置

下の段落に一気に移動
Ctrl + ↓

次の段落に移動する技：「Ctrl」+「下方向」でできます。段落ごとに移動できるので、細かく移動したいときに便利です。上にスライドする、「PageUp」を押すなどいろいろ方法はあると思います。

一瞬でできるショートカットキーがあります。それは「Ctrl」+「Home」です。逆に文書の終わりに一瞬で行きたい場合は「Ctrl」+「End」です。行の最初に戻りたい場合うや逆は「Ctrl」+「下方向」です。

「Ctrl」+「左方向」や「右方向」は別のところでもやりましたが、単語ごとに移動するものです。移動を早めたいときにはこれらのキーを覚えておくとよいでしょう。

56

ひな型で文書作成時に 使える置換ワザ

対象文字を一括処理するちょっとしたコツ

　文書作成時にひな型を利用することはないでしょうか？　ひな型は、コピーして数カ所を修正すれば利用でき便利です。ただ、修正箇所が多くなってくると、編集するのも少し面倒になります。

　例えば契約書のひな型では、自分のことを「甲」、相手のことを「乙」と表記することが多くありますが、読むときに「どちらが甲？」となることがあります。その場合、「トヨタ」や「ト社」など2〜4文字で具体的に表記するとわかりやすくなります。しかし修正箇所が多くなると大変なので、置換機能を使います。

　置換は Ctrl ＋ H で行います。「検索する文字列」を「甲」、「置換後の文字列」を「ト社」とすれば文字の置き換えができます。一度にすべての文字を置換することも可能です。

　一度にすべての文字を置換するときは、対象でない文字が誤って置換されないように注意しましょう。例えば「手の甲」という表記がある場合、「甲」をすべて置換してしまうと、「手のト社」となってしまいます。こんなときは、**ひな型を作成する段階で「甲」を「●甲」としておくと置換しやすくなって便利**です。

　置換を使って改行もできます。改行は「^p」という特殊文字で表されます。例えば契約書条文の「第2条　甲は…」という箇所の「条」と「甲」の間を改行する場合、**検索する文字列を「条」、置換後の文字列を「条^p」とします。**もしうまく置換ができない場合は、置換のオプションの「あいまい検索」のチェックを外してください。また、半角英数で入力することも忘れないようにしましょう。

契約書のひな型の「●甲」を「ト社」に置き換える

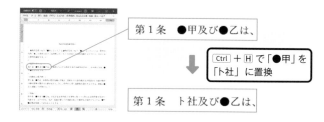

第1条　●甲及び●乙は、

⬇ [Ctrl]＋[H]で「●甲」を「ト社」に置換

第1条　ト社及び●乙は、

置換の方法

検索する文字列(N):	●甲
オプション：	あいまい検索 (日)
置換後の文字列(I):	ト社

置換画面
[Ctrl]＋[H]

検索する文字列を「●甲」、置換後の文字列を「ト社」として置換する

改行の置換イメージ

（権利の持ち分）↵
第1条　ト社及び●乙は、

➡ 「条」と「ト社」の間を改行

（権利の持ち分）↵
第1条↵
　　ト社及び●乙は、本

置換の方法

| 検索する文字列(N): | 条 |
| 置換後の文字列(I): | 条^p |

検索する文字を「条」、置換後の文字を「条^p」として置換することで可能

「^p」は改行の特殊文字。半角で入力する。うまくいかない場合は「オプション」の「あいまい検索」をオフにする

「Word」
ショートカットキー

Alt + 「ドラッグアンドドロップ」	文章の矩形（範囲）選択
Ctrl + 「ドラッグアンドドロップ」	選択した文字をコピーアンドペースト
Ctrl + Page Down	次のページへ移動
Ctrl + Page Up	前のページへ移動
Ctrl + ↓	次の段落へ移動
Ctrl + ↑	前の段落へ移動
Ctrl + H	文字を置換
Ctrl + F	文字を検索
Ctrl + Enter	改ページ
Ctrl + B	選択した文字を太字にする
Ctrl + I	選択した文字を斜体にする
Ctrl + U	選択した文字に下線を引く
Ctrl +]	選択した文字サイズを大きくする
Ctrl + [	選択した文字サイズを小さくする
Ctrl + F2	印刷プレビューを表示する
Ctrl + N	新規文書作成
Ctrl + O	ファイルを開く
Ctrl + L	文字を左揃えにする
Ctrl + E	文字を中央揃えにする
Ctrl + R	文字を右揃えにする

6章

メール作成にかける時間を最短にする

　メールはただの連絡ツールではありません。送受信したメールは証拠として残るので、記録のためのツールとしても大きな役割を持つのです。

　たしかに電話や口頭でやりとりをすれば早くて便利ですが、あとで「言った言わない」の水掛け論になることがあります。メールであればどんなに月日が経とうとも情報を掘り起こすことができ、第三者に示して、「正義は我にあり」と主張できます。

　そんな重要な役割を担うメール。この章ではOutlookメールで使える、メール作成に役立つワザや、過去のメールを楽に探し出すためのワザなど、実際の仕事で使えるテクニックの数々を紹介していきます。

57
大量の受信メールを
見やすくまとめる

▷▷ グループ化機能を使って折りたたむ

　仕事で使うメールアドレスには日々いろいろなメールが届きます。みなさんの受信トレイにも1,000通以上はストックされているのではないでしょうか？

　そんな大量の受信メールの中から、例えば先月受信した特定のメールを探したいときは、受信トレイの中を1カ月前までマウスのホイールでさかのぼっていくと思います。でもこの作業は結構面倒です。そんなときは受信トレイを期間ごとにまとめて表示させると、古いメールにもすぐにアクセスできて探しやすくなります。

　まずは受信トレイの並びを日付順にします。日付でグループ化するためです。受信メール一覧の上にある選択欄から**「日付」をクリックすると日付順に並び変わります**。

　次に灰色で表示される「＞昨日」などと書かれた**グループ名の「＞」の部分をクリックして、受信したメール一覧を日や週ごとに折りたたみます**。「＞先週」や「＞2週間前」なども同様に折りたたむとメール一覧がまとまり、先月のメールにすぐにアクセスできます。もう一度「＞」をクリックすれば、メール一覧が展開されます。

　この作業はキーボードでもできます。**メールを1つ選択してから⬅ を押し、次に「アプリケーションキー」を押して、「すべてのグループの折りたたみ」を選択**します。展開は➡ でできます。

　このグループ化は、差出人などでもできます。そのときは受信トレイの「差出人」をクリックして、メールの並び順を差出人順に変える必要があります。

受信メールを期間ごとにグループ化

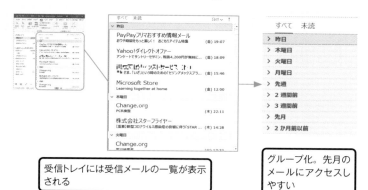

受信トレイには受信メールの一覧が表示される

グループ化。先月のメールにアクセスしやすい

方法

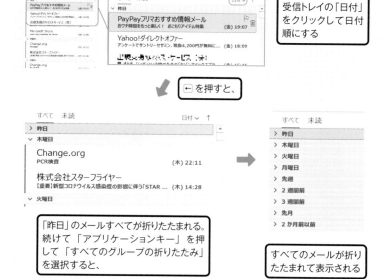

受信トレイの「日付」をクリックして日付順にする

← を押すと、

「昨日」のメールすべてが折りたたまれる。続けて「アプリケーションキー」を押して「すべてのグループの折りたたみ」を選択すると、

すべてのメールが折りたたまれて表示される

58

メール送信後に「しまった!」 とならないために

30 min 短縮

》》 送信をワンテンポ遅らせる

メールを送った直後に「しまった!」と思うことはないでしょうか? また、送ったあとにメールを見返して、後悔することもあると思います。それを避けるためには送る前に内容を見返すと効果的です。見返せば見返すほど不思議と修正すべき点が見えてきますし、トイレに行ったりして時間を取ってから見返すともっとよくなることもあります。

でも、いちいちメール一通を送るのにそんなに時間を取ることはできません。

そんなときは、メールの送信をワンテンポ遅らせる機能を使うと便利です。送信ボタンを押してもすぐには送信されず、不備に気付いたときに送信を取り消すことができます。

方法は設定から「接続したら直ちに送信する」を解除。この設定を解除した状態でメールを送信した場合、メールは送信トレイで送信待ちの状態となります。送信までの時間を設定することもでき、私は5分にしています。

送信待ちのメールを急ぎで送りたいときは、送受信タブの「すべて送信」をクリックします。注意としては、「すべて送信」をクリックすると、送信トレイ内にあるすべての送信待ちのメールが送られてしまうことです。それを避けるためには、一緒に送信されては困るメールを開いてください。その状態で「すべて送信」をクリックすれば、開いているメールは送信されません。そのメールは再び送信をして、送信待ちの状態に戻すことができます。

ワンテンポ遅らせて送信する

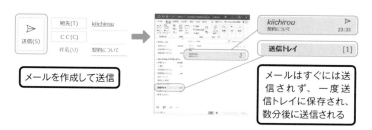

メールを作成して送信

メールはすぐには送信されず、一度送信トレイに保存され、数分後に送信される

すぐに送信しないための設定方法

「ファイル」→「オプション」→「詳細設定」→「送受信欄」
→「接続したら直ちに送信する」のチェックを解除する。
すぐには送信されず、数分後に送信されるようになる

送信するまでの時間を設定

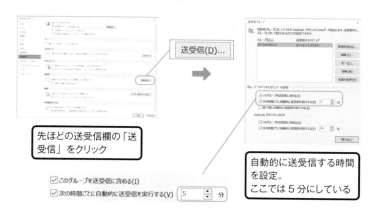

先ほどの送受信欄の「送受信」をクリック

自動的に送受信する時間を設定。
ここでは5分にしている

59

署名の挿入、使い分けを手軽に行う

いろいろな署名の設定方法

ビジネスで使うメールの末尾には署名が必須です。署名には氏名やメールアドレスなどを記載して、相手に何者なのかを伝えたり、文書を締めくくったりすることに使えます。

送信する相手によって署名を使い分けることもあります。例えばビジネス用とプライベート用、副業をしていたら副業用など。でも、それらを毎回作成するのは大変です。そんなときは**複数の署名をあらかじめ作っておくととても便利**です。

（1）署名の作成

メール作成画面、もしくはファイルのオプションから署名を作成します。例えば**メールの新規作成でビジネス用の署名を作り「ビジネス」という名前で保存**、もう1つのプライベート用も同様に作成して**「プライベート」という名前で保存**します。このようにすればあとで使い分けることができます。

（2）署名を使い分ける

メール作成時に**「署名」をクリックすると、「ビジネス」と「プライベート」が表示されるのでそこから選択**。署名を間違えて挿入しても、再度署名を選択すれば差し替えることができます。

（3）署名の自動挿入

メール作成時に署名を自動で挿入する機能もあります。署名の設定で**「新しいメッセージ」や「返信／転送」の欄に挿入したい署名を設定**。これでメール作成時に自動で署名が挿入されます。

メールの署名を使い分ける

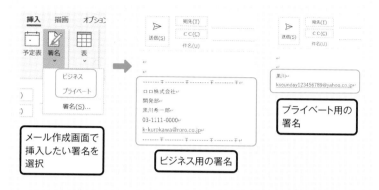

メール作成画面で挿入したい署名を選択

ビジネス用の署名

プライベート用の署名

あらかじめ署名を複数作成

メール作成画面において「挿入」タブ→「署名」をクリック。署名設定画面を開く

「新規作成」で署名をいくつでも作成できる

メールに署名を自動挿入

上記の署名の設定画面を開き、「新しいメッセージ」と「返信／転送」の欄に挿入したい署名を設定

メールを作成すると署名が自動で挿入されるようになる

139

60

よく使う文言を
一瞬で挿入する

30min
短縮

≫ クイックパーツに登録しておく

仕事で使うメールの文面には、いつも似たような文言が入ります。例えば、書き出しに入れる「いつもお世話になっております。」や、文末に入れる「以上です。よろしくお願い致します。」といったあいさつなどです。

これらの定型句を入れるのは、ビジネスマナーの一つです。でも、毎回書くのはとても面倒。「クイックパーツ」を使えば一瞬で入力できます。

クイックパーツとは、登録した定型句を素早く挿入してくれる便利な機能のことです。「いつもお世話になっております。」なら「い」と書いたあとに**表示される選択肢の中から定型句を選んで「Enter」**。または、**「F3」なら定型句を選択しないでもいきなり押すだけで挿入**できます。

この機能を使えば、文章を作成するのが断然速くなります。

設定は簡単。まずは**メールの作成画面で登録したい定型句を作成、その定型句を選択した状態で「挿入」タブにある「クイックパーツ」から登録**します。

普段よく送るメールのフォーマットを作成するときにも便利です。例えば会議の開催案内を送ることが多いなら、日時、場所、議題、目的、持ち物などの項目名をあらかじめ登録。いちいち手入力する手間が省けます。

クイックパーツで素早く挿入する

山田　様↵
↵
い|

Enter または
F3

山田　様↵
↵
いつもお世話になっております。↵

メール作成時に「い」と書く

続きが自動で挿入される

クイックパーツの登録方法

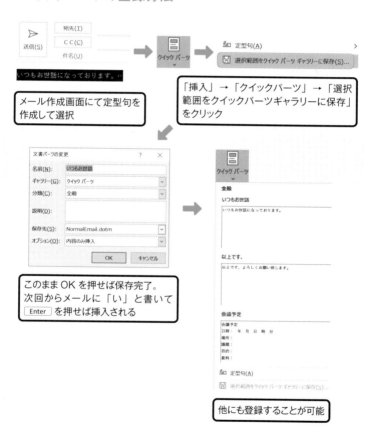

送信(S)	宛先(T)
	CC(C)
	件名(U)

いつもお世話になっております。

クイック パーツ

定型句(A)

選択範囲をクイック パーツ ギャラリーに保存(S)...

メール作成画面にて定型句を
作成して選択

「挿入」→「クイックパーツ」→「選択
範囲をクイックパーツギャラリーに保存」
をクリック

文書パーツの変更　　　? ×

名前(N): いつもお世話
ギャラリー(G): クイック パーツ
分類(C): 全般
説明(D):
保存先(S): NormalEmail.dotm
オプション(O): 内容のみ挿入

OK　キャンセル

クイック パーツ

全般
いつもお世話
いつもお世話になっております。

以上です、
以上です、よろしくお願い致します。

会議予定
会議予定
日時： 年 月 日 時 分
場所：
議題：
目的：
資料：

定型句(A)

選択範囲をクイック パーツ ギャラリーに保存(S)...

このまま OK を押せば保存完了。
次回からメールに「い」と書いて
Enter を押せば挿入される

他にも登録することが可能

61

メールの内容を予定表に簡単登録

≫ メールを予定表に「ドラッグアンドドロップ」

Outlook にはメールの他にも予定表や連絡先管理などの機能があります。ここではメールから予定を簡単に登録できるテクニックを紹介します。

取引先からメールで打ち合わせの案内が来たときは、予定表から予定を新規作成し、日時や場所などの情報を手入力します。でも毎回手入力するのは手間ですし、誤入力の原因にもなります。

そんなときは、**メール画面の左下にある「予定表」のところへ、予定が記載されたメールを「ドラッグアンドドロップ」**。たったワンアクションで予定を作成できます。

さらに、この方法を使うとメールの内容が予定の中にコピーされるので、それを見ながら日時や場所の設定をすることが可能になります。わざわざメールを見る必要がなくなり、作成の手間を省けるのです。

日付を指定して予定を作成するには、**予定表のカレンダーを別ウィンドウで表示、カレンダーの日付のところへメールを「ドラッグアンドドロップ」**すれば完了です。

予定を新規作成すると同時に会議の招集をかけることもできます。受信メールを開いたあとに、画面右上の「…」、または「メッセージ」タブに表示される「会議」を選択。会議出席の依頼をメールで送ると同時に、予定表に新規で予定を登録することができ、一石二鳥です。

メールから素早く予定を登録する方法

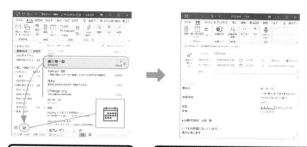

メールを予定表に「ドラッグ
アンドドロップ」

予定が自動で作成され、しかもメール
の内容が予定の中にコピーされている

メールから日付を指定して予定を登録する方法

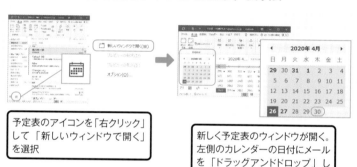

予定表のアイコンを「右クリック」
して「新しいウィンドウで開く」
を選択

新しく予定表のウィンドウが開く。
左側のカレンダーの日付にメール
を「ドラッグアンドドロップ」し
てできる

メールから会議招集と予定登録を同時に行う方法

メールを開いて画面右上の「…」→「会議」
をクリックするとメールの新規作成画面とな
り、予定を登録しながらメールも送信できる

62

差出人から目当ての メールを見つける裏ワザ

≫ メール画面でいきなり文字を打つ

　過去のメールを見たいときに差出人の名前から探す人も多いでしょう。例えば「Google」から送られてきたメールを検索するとします。しかし、検索欄に「Google」と入力すると、差出人だけでなく本文やタイトル、添付文書名なども検索対象になるため、検索結果が膨大になってしまいます。

　そこでおすすめなのが、受信メールを差出人順に並べ替えてから直接検索する方法。比較的簡単ですし、しっかりと検索できます。

　方法は、**受信メールを差出人順に並べ替えたあとに受信メールを1つ選択した状態で、差出人の名前をいきなり入力**します。「Google」からのメールであれば、頭文字の「g」を入力すれば「Google」のグループへ一気に移動することができます。あとはそのグループの中から目当てのメールを探すだけなので簡単です。

「g」と入力して別のグループ（例えば「global」など）に移動してしまった場合は、「go」まで入力します。

　この方法はメールの差出人が日本語表記のときにも使うことができます。「東京ガス」からのメールを検索したいときは、「東」や「東京」と入力。入力中は、画面左上に入力画面が表示され少し違和感がありますが、この方法で合っています。

　ちなみに**この検索方法は他のアプリでも使用可能**です。フォルダー画面（エクスプローラー）でも使えるので、ファイルやフォルダーが大量にあっても簡単に探し出せます。ぜひ試してみてください。

差出人を検索する手順　Google

受信メールの差出人をクリック
して差出人の順に並び替える

「go」と入
力する

「Google」のメールへ一気に移動

日本語で差出人を検索する手順　東京ガス

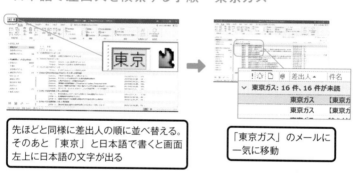

先ほどと同様に差出人の順に並べ替える。
そのあと「東京」と日本語で書くと画面
左上に日本語の文字が出る

「東京ガス」のメールに
一気に移動

 内テキスト省略

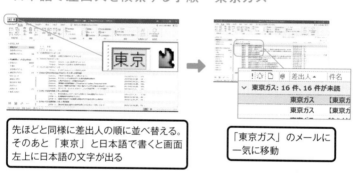 内テキスト省略

63

メモを一瞬で作成する

30 min 短縮

≫ ショートカットキーを使えば簡単にできる

　Outlook にはメモ機能があります。付箋紙の電子版のようなものです。Outlook で作業中に電話があり、その内容をメモしたいときなどに使えます。メモを新規作成するには、マウスでメモ画面に切り替える必要があります。でも少し手間ですし、電話中だと慌ててしまうこともあります。

　ショートカットキーの Ctrl + Shift + N なら、一発で新規メモを作成できるので便利です。Outlook の画面であればいつでもこの方法で作成できます。ただし、メールを作成中の場合はこのショートカットキーは使えませんので注意してください。

　メモは自動的に保存されるのでいつでも消すことができます。保存されたメモを見るには、メモ画面に切り替えれば一覧で表示されます。メモのタイトルは最初の一行なので、メモを取るときにはその点を意識して書くと効果的です。旅費の申請を電話で依頼されたときは、「旅費申請　高山　京都→東京　9：08〜10：55」と書いておけばわかりやすいでしょう。メモはどんどんたまっていくので、定期的に整理することをおすすめします。

　メモは色分けして使うと便利です。初期設定では薄黄色ですが、分類項目の色分け機能が利用できます。メモ作成画面左上のアイコンをクリックすると「分類項目」が表示されるので、使いたい色を指定。初めて使う色の場合はショートカットキーの設定などを聞かれるので、Ctrl + F5 などで設定しておくと次回からは一発で色を変えることができます。

メモをすばやく取る方法

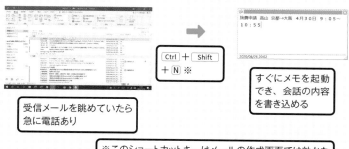

Ctrl + Shift + N ※

すぐにメモを起動でき、会話の内容を書き込める

受信メールを眺めていたら急に電話あり

※このショートカットキーはメールの作成画面では効かない。受信メール画面に戻って行う

メモを確認する

画面左下の「…」をクリックして「メモ」を起動するとメモの一覧が表示される

メモの色を変える方法　分類項目のショートカットキー設定

メモの左上のアイコン→「分類」→分類項目の色をクリック

分類項目を初めて使うと名前の変更を聞かれるが変える必要なし。ショートカットキーは Ctrl + F5 などにするとあとで色付けに便利

64

グループ設定をすれば
メール送信が速くなる

≫ 連絡先のグループを作成しておく

　複数人にメールを送信するときは、あらかじめグループを設定しておくと便利です。同じ部署内のメンバー全員に一斉送信するのに、いちいち 1 人ずつアドレスを追加していくのは面倒ですよね。定期的に送信するのであれば大幅な時短につながります。

(1) 連絡先グループを作成
　連絡先のグループは、**アドレス帳に登録されているメンバーを選んで設定**します。例えば部署メンバーのグループやサークルメンバーのグループなどを作成することができます。作成したグループ宛てにメールを送るときは、「宛先」にグループ名を入力します。

(2) グループからメンバーを除外して送信
　グループ宛てにメールを送信するときに、除外したい人がいる場合もあると思います。そんなときは、一度「宛先」にグループ名を入力したあと、**グループ名の前に表示される「＋」をクリック**。グループのメンバー 1 人 1 人のメールアドレスが表示されるので、除外したい人を選択して削除します。

(3) 予定表にまとめて登録
　設定したグループは予定表にも使うことができます。会議招集をするときの宛先にグループを設定すれば、各自の予定がまとめて仮登録されます。

複数の連絡先をグループ名でまとめて入れる

宛先(T)　kiichirou; hanako-yamada@tenpat.com; Nike; test1

各自の連絡先を入れるので手間

宛先(T)　⊞ group-dev

連絡先グループならグループ名（ここでは group-dev）を入れるだけで OK

連絡先グループを作成する方法

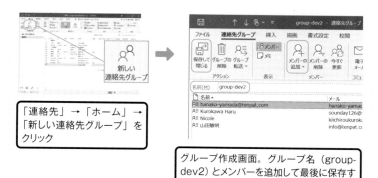

「連絡先」→「ホーム」→「新しい連絡先グループ」をクリック

グループ作成画面。グループ名（group-dev2）とメンバーを追加して最後に保存すれば完成

連絡先グループから一人削除する方法

hanako-yamada@tenpat.com; Kurokawa Haru; Nicole; 山田敏明

不要な人の連絡先を削除

hanako-yamada@tenpat.com; Nicole; 山田敏明

メールの宛先に group-dev2 と入力。「＋」の部分をクリックして各連絡先を展開する

連絡先グループの調整完了

65

メールの作成から送信 まで を マウス なし で 行う

ショートカットキーを使いこなす

メールの作成画面で送信ボタンを見ると「送信（S）」と書かれています。この「S」はショートカットキーの Alt ＋ S という意味です。このような箇所はいくつもあります。つまり、マウスなしで、素早くメールを送ることができるのです。ここでは、ショートカットキーだけでメールの作成から送信までを行ってみます。

(1) メール新規作成： Ctrl ＋ N

このショートカットキーは覚えておいてください。他のアプリでも使うことができます。

(2) 宛先の選択： Alt ＋ T

宛先の選択画面になります。**宛先を選択して Alt ＋ O を押せば TO に、 Alt ＋ C を押せば CC に設定**されます。設定を終えたら Tab を何回か押して「OK」のところで Enter を押します。

(3) 件名入力： Alt ＋ U

件名を入力します。**件名から本文へは Tab を一回押して移動。** Tab を押すことで項目を移動できます。本文から件名入力に戻るときは Shift ＋ Tab を押します。

(4) 添付ファイル、署名挿入： Alt を押して → で移動

画面上のタブを選択できます。**挿入タブを選んで ↓、→ で各機能を選択して Enter を押します。**添付資料をショートカットキーで挿入する方法は 67 項を参照ください。

送信は Alt ＋ S。これで、メールの作成から送信までをマウスなしでできました。

メールの作成から送信までをマウスなしで行う

メール画面からメール
を新規作成
`Ctrl` + `N`

メール作成画面

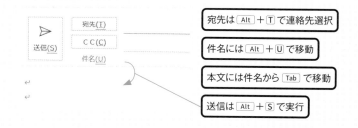

宛先は `Alt` + `T` で連絡先選択

件名には `Alt` + `U` で移動

本文には件名から `Tab` で移動

送信は `Alt` + `S` で実行

宛先の連絡先を追加する

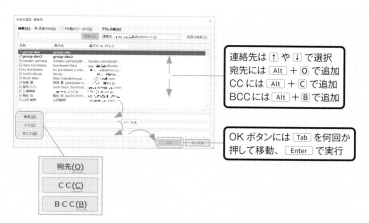

連絡先は `↑` や `↓` で選択
宛先には `Alt` + `O` で追加
CC には `Alt` + `C` で追加
BCC には `Alt` + `B` で追加

OK ボタンには `Tab` を何回か
押して移動、`Enter` で実行

F9	メールの送受信
Ctrl + Shift + N	メモの新規作成
Ctrl + Shift + M	メールの新規作成
Ctrl + Shift + A	予定の新規作成
Ctrl + Shift + C	連絡先の新規作成
Ctrl + Shift + K	タスクの新規作成
Ctrl + 1	メール画面に切り替え
Ctrl + 2	予定表画面に切り替え
Ctrl + 3	連絡先画面に切り替え
Alt + ←	前の画面に切り替え
Alt + →	次の画面に切り替え
F6	画面の各構成部分へ移動
F3	検索
F4	編集中のメール画面内を検索
Ctrl + Shift + F	高度な検索
Ctrl + Q	メールを開封済みにする

7章

ファイル／フォルダーを使いこなした仕事管理ワザ

　ファイルとフォルダー。Windowsは基本的にこの2つで成り立っています。ファイルは資料であり、フォルダーはその容器です。

　パソコン仕事で重要なのは、いかにそのフォルダーを使いこなすか。ファイルをどのフォルダーに収めるかがとても大事で、これを適当にやってしまうとファイルを探すのに時間がかかってしまいます。

　フォルダーを整理整頓すること、そして決められた場所にファイルを収めることで、作業効率はぐんと上がります。

　いろいろなフォルダーの操作方法を覚えることで、時短につながります。ぜひマスターしてください。

66

仕事を管理しやすい
フォルダー名の付け方

》》日付、概要、結果を入れる

　仕事で使うフォルダーには「資料」や「請求書」といった、中身がひと目でわかるような名前を付けているのではないでしょうか？これも一つの手です。しかし、ファイルは、見積もり、受注、生産、納品、請求、受領など、作業の手順ごとに作成すると思います。

　もしこれらを1つのフォルダーに入れた場合、ファイルの種類を確認するのに名前を見たり、名前からわからなければファイルを開いたりしなければなりません。手間も時間もかかります。

　それを避けるために、**作業の手順ごとにフォルダーを作成する方法があります**。でも、その中にもファイルが多数あるとごちゃごちゃしてしまいます。

　例えば「見積もり」のフォルダーに「見積もり1」「見積もり2」「資料」のファイルがあると、「資料」のファイルがどの見積もりに関連する物なのかがわかりません。しかし、また新しくフォルダーを作って分けるとなると、フォルダーの階層がどんどん増えていき、必要なファイルを見つけるのに時間がかかります。

　そんなときは、フォルダーの名前を工夫して付けると便利です。必要な要素は、日付と概要と結果。例えば「**2019-11-14-見積27万円-ボツ**」などです。**フォルダーが時系列で並び、概要を見れば進捗がわかり、結果もひと目で確認**できます。

　そのフォルダーの中に関連するファイルを入れ、詳細を知りたいときはそのファイルを確認します。

フォルダー名で仕事を管理する

2019-12-13-納品-欠品2つ-写真あり
2019-12-25-納品-問題なし-受領
2020-01-17-請求
20200119A社打診
見積り
見積り2
🗒 印版発注 - コピー (2).xlsx
🗒 印版発注.xlsx
🗒 見解書・試験報告.docx
🗒 資料-2019年12月11日.文.xlsx
🗒 請求書.xlsx
📄 請求書-2020年1月21日.pdf
🗒 納品書.xlsx
📄 納品書-修正版.pdf

➡

2019-11-01-見積
2019-11-06-生産
2019-12-13-納品
2020-01-17-請求
2020-03-01-受領

1つのフォルダーに複数のファイルを
保存、ごちゃごちゃ

仕事の手順ごとにフォルダー分け。
ファイルはすべて各フォルダーに

フォルダーの構成

2019-11-01-見積
2019-11-06-生産
2019-12-13-納品
2020-01-17-請求
2020-03-01-受領

仕事の手順ごとに仕分けたフォルダー一覧。
日付と手順名のフォルダー名。
現在の進捗がひと目でわかる

2019-11-01-相談-見積作成依頼
2019-11-04-見積27万円-ボツ
2019-11-05-見積26万円-決定
2019-11-06-見積-正式

見積フォルダーの中身。
日付と概要と結果が書か
れたフォルダー名で状況
がわかる

🗒 見積り案1.xlsx
🗒 資料.pptx

2019-11-04- 見積27万円 - ボツの中身。
詳細が知りたいときはフォルダーの中身を見る

67

ファイルを最速で
デスクトップに保存する

>>> [Alt]+[↑] を押し続ける

　ファイルを保存するときは、「上書き保存」や「名前を付けて保存」をマウスでクリックして、ダイアログボックスを開きます。ダイアログボックスとは保存先のフォルダーを選択する画面のことです。

　デスクトップに保存したい場合は、ダイアログボックス内をマウスで探してもいいのですが、もっと簡単にデスクトップに到達することもできます。それは [Alt] ＋ [↑] を使った方法です。**このショートカットキーを押し続けると、いずれデスクトップにたどり着きます。**

　ダイアログボックス内で [Alt] ＋ [↑] を押すと、一階層上のフォルダーに移動します。デスクトップは階層が一番上のフォルダーなので、このショートカットキーを押し続ければいずれ突きあたるというわけです。そこで「保存」を選択すれば、デスクトップを探すことなく一瞬で保存することができます。

　また、デスクトップ上にあるフォルダーに保存したい場合は、[Shift] ＋ [Tab] **を押せば、フォルダーの選択ができる**ようになります。このショートカットキーはダイアログボックス内を移動するものです。

　[Alt] ＋ [↑] で上の階層へ進んだあとに、**元の階層に戻りたいときは** [Alt]＋[←] を使います。例えばデスクトップまで移動したあと、1つ前に選択したフォルダーに戻ることができます。ブラウザバックのような機能です。

ファイルをとりあえずデスクトップへ保存する

[Alt] + [↑] を
押し続ける

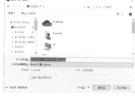

保存のダイアログボックス。
ファイルを「名前を付けて保存
する」ときに表示される

保存先がデスクトップに変わる。
あとは保存するだけ

デスクトップの中にあるファイルへ保存する方法

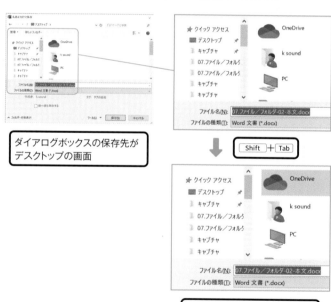

ダイアログボックスの保存先が
デスクトップの画面

[Shift] + [Tab]

OneDrive など、デスクトップ
内のフォルダーが選択できるよ
うになり、そのフォルダーに保
存できるようになる

68

誤って消したファイルを
一瞬で復元する

10 min 短縮

▷▷ ワンアクションで復元できる

ファイルやフォルダーを誤って削除してしまったときは、通常でしたらゴミ箱から削除したファイルを探して復元します。そしてちゃんと復元できているか、ファイルの入っていたフォルダーに移動して確認します。

Ctrl ＋ Z を使えばこの一連の作業を一瞬で行えます。このショートカットキーはアプリでもよく使われる「元に戻す」機能を持ちますが、**ファイルやフォルダーの復元にも使える**のです。わざわざゴミ箱内を探す手間が省けて便利です。

このショートカットキーは他の作業時にも使うことができます。ファイルやフォルダーを新規作成したとき、名前を変更したとき、移動やコピーをしたときも、Ctrl ＋ Z で元に戻ります。またフォルダー画面で「右クリック」すれば、表示されるメニューの中に「元に戻す」があるので、それでも可能です。

元に戻したあとで、その操作を取り消すには Ctrl ＋ Y を押します。一度ファイルを削除したけど Ctrl ＋ Z で復元、でもやっぱり削除したい、といったときに使えます。

元に戻すことができない場合もあるので注意が必要です。**ファイルを別のファイルで上書き保存したときや、Shift ＋ Delete でファイルを完全消去したとき**です。こういったときはどうすることもできません。

また、共有サーバー上でファイルやフォルダーを操作したときも、同じく元に戻すことはできませんので、注意してください。

158

消したフォルダーを Ctrl ＋ Z で戻す

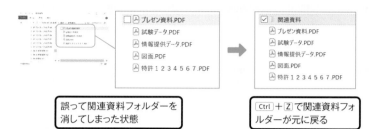

誤って関連資料フォルダーを
消してしまった状態

Ctrl ＋ Z で関連資料フォ
ルダーが元に戻る

Ctrl ＋ Y でやり直し

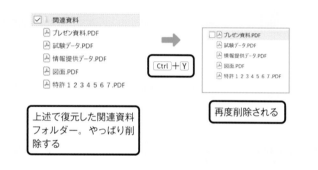

上述で復元した関連資料
フォルダー。やっぱり削
除する

再度削除される

マウスの「右クリック」でも操作可能

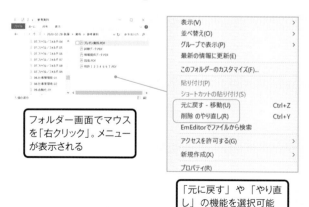

フォルダー画面でマウス
を「右クリック」。メニュー
が表示される

「元に戻す」や「やり直
し」の機能を選択可能

69

ファイル検索の
ちょっとしたコツ

30 min 短縮

>>> 更新日時を利用すれば
　　目的のファイルがすぐに見つかる

　ここではパソコンの中にあるファイルを簡単に探す方法を紹介します。忙しく仕事をしていると、ファイルの保存場所を見失ってしまうことがあります。そんなときはファルダー画面右上の検索ツールを使ってファイルを探すのではないでしょうか？

　入力欄に名前を入力して探すと思いますが、ファイル名が「資料」などありきたりなものの場合、大量の検索結果が表示されてしまいます。このとき、**もしファイルの最終更新日を覚えているなら、「検索ツール」の「更新日」を使うと便利**です。

　「更新日」は、ファイルやフォルダーを更新日から絞り込むことのできるツールです。例えば今朝使ったファイルなら、「今日」で絞り込むと検索結果が大幅に減るので探しやすくなります。

　「検索ツール」はフォルダー画面の検索欄をクリックするとタブ欄に現れます。**「検索」のタブ内に表示される「更新日」から「今日」を選択すると、検索欄に「更新日時：今日」と表示**されます。この操作は、直接検索欄に手入力することも可能です。

　日付検索の範囲を大きくすることもできます。4月に更新したファイルやフォルダーを探したいのであれば、**検索ツールのカレンダーの日付を「ドラッグアンドドロップ」して、範囲を選択**することもできるのです。

　また、検索欄に「更新日時：2020/04/01.. 2020/04/30」と直接記載することも可能です。

今朝使った「資料」ファイルを探す際に更新日で絞り込む

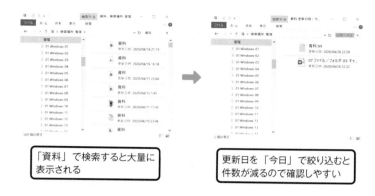

「資料」で検索すると大量に
表示される

更新日を「今日」で絞り込むと
件数が減るので確認しやすい

絞り込み方法　検索ツールの更新日

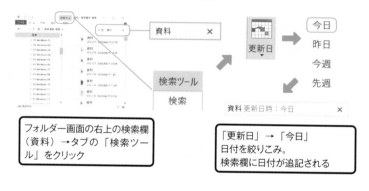

フォルダー画面の右上の検索欄
（資料）→タブの「検索ツー
ル」をクリック

「更新日」→「今日」
日付を絞りこみ。
検索欄に日付が追記される

カレンダーから選択する

上述の検索欄の「今日」を
クリック

カレンダーが表示。ここから
日付や範囲を選択可能

70

ファイル検索の スピードを上げる

30 min 短縮

≫ 検索対象はデスクトップに一本化

最近は以前に比べてファイルやフォルダーの検索スピードが速くなり、便利になりました。しかし、検索方法に注意しないと検索速度が遅くなってしまいます。ここでは、ファイル検索時に検索速度を上げるテクニックを紹介します。

（1）仕事用フォルダーの一本化

仕事用のフォルダーを1つ作り、ファイルはすべてその中に保存します。これで検索する範囲を絞ることができます。なぜかというと、例えば私のパソコンのCドライブには47万個のファイルがあり、この中にはWindowsやアプリのシステムファイルなどの、仕事には関係のないものが含まれていて、それらを除外するためです。

私の場合は**仕事用のファイルをすべてデスクトップに保存**しているので、検索時はデスクトップに絞ることができます。検索対象のファイルが6千個程度になるので、検索はいつも快適です。

（2）インデックスの設定

インデックスとは索引のことで、**設定しておけば検索速度が速くなります**。設定されているかは、フォルダー画面の「検索」タブから、「詳細オプション」を選択、「インデックスが作成された場所」中に「ユーザー」が含まれているか確認すればわかります。

ファイル検索の補足として、存在するはずのファイルが見つからないときは**Cドライブから検索**してみましょう。理由は不明ですが、これで見つかることがあるので、諦めずに探してみてください。

検索するフォルダーをデスクトップに絞る訳　フォルダー構成

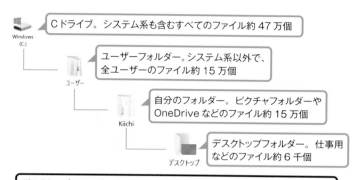

Windows
(C:)

> Cドライブ。システム系も含むすべてのファイル約47万個

ユーザー

> ユーザーフォルダー。システム系以外で、
> 全ユーザーのファイル約15万個

Kiichi

> 自分のフォルダー。ピクチャフォルダーや
> OneDrive などのファイル約15万個

デスクトップ

> デスクトップフォルダー。仕事用
> などのファイル約6千個

デスクトップフォルダーはファイル数が圧倒的に少ない。
仕事用のファイルをすべてデスクトップに保管すれば、検索時はデスクトップ
に絞れるので早く見つかる。
OneDrive などにも保管した場合、検索時は上図の「Kiichi フォルダー」
で行うので件数が多くなり、検索速度が遅くなる

インデックスの確認

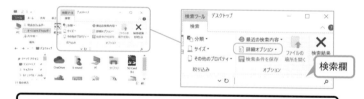

検索欄

インデックスが設定されていれば検索が速くなる。
フォルダー画面→検索欄クリック→「検索ツール」→「詳細オプション」→
「インデックスが作成された場所の変更」をクリック

インデックスを作成する対象:

含まれる場所
- DesktopBackground
- Internet Explorer 履歴
- Microsoft Outlook
- スタート メニュー
- ユーザー

インデックスのオプション画面で
「インデックスを作成する対象」
に「ユーザー」があればインデッ
クスは設定されているので OK

71

ショートカット／コピーを 一瞬で作成する

10 min 短縮

>>> [Alt] や [Ctrl] を押しながら「ドラッグアンドドロップ」

　ここではフォルダーのショートカット、コピー作成を一瞬で行う方法を紹介します。特にフォルダーのショートカットは、共有サーバーにあるフォルダーへのアクセスを簡単にしたいときなどに使えるので、覚えておきましょう。

(1) フォルダーのショートカットを作成

　対象のフォルダーを選択し、[Alt] ＋「ドラッグアンドドロップ」します。これで、いちいちメニューを出して「ショートカットの作成」をする必要がなくなり、一瞬でショートカットの作成ができます。

(2) フォルダーのコピーを作成

　対象のフォルダーを選択し、[Ctrl] ＋「ドラッグアンドドロップ」します。コピーしてペースト、といった操作が不要になります。

(3) 1つ上の階層にあるフォルダーのショートカットを作成

　フォルダー画面上部のアドレス欄にあるフォルダーアイコンを、「ドラッグアンドドロップ」します。また、同じフォルダーアイコンを [Ctrl] ＋「ドラッグアンドドロップ」すれば、コピーを作成できます。

　このようにして、目当てのフォルダーに移動することなくショートカットやコピーを作成できるのです。

フォルダーのショートカットを作成

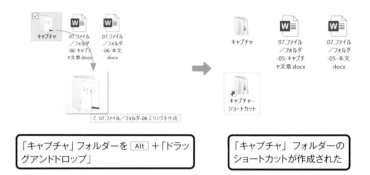

「キャプチャ」フォルダーを Alt +「ドラッグアンドドロップ」

「キャプチャ」フォルダーのショートカットが作成された

フォルダーのコピーを作成

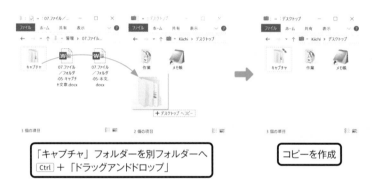

「キャプチャ」フォルダーを別フォルダーへ Ctrl +「ドラッグアンドドロップ」

コピーを作成

1つ上の階層にあるフォルダーのショートカットを作成

フォルダー画面上部のフォルダーアイコンを「ドラッグアンドドロップ」でショートカット作成

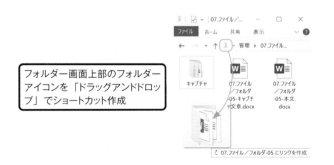

72

ファイルやフォルダーを
開かずに中身を確認する

10 min
短縮

≫ サムネイル機能を使いこなす

ファイルやフォルダーの中身は実際に開いてみないと確認することはできません。しかし、**写真などの画像ファイルであれば、アイコンを大きくすることで中身が表示**されます。

この機能を「サムネイル」といいます。画像の縮小版がアイコンになり、ファイルを開く必要がなくなるので非常に便利です。

サムネイルがうまく表示されないときは設定を確認しましょう。フォルダー画面の「表示」タブから「オプション」を選択、「フォルダーオプション」内の「表示」タブ、「詳細設定」にある「常にアイコンを表示し、縮小版は表示しない」のチェックを外します。

ファイルだけでなく、フォルダーのアイコンを画像ファイルのサムネイルで表示させる方法もあります。**フォルダーのアイコンを大きくすれば、フォルダーの中にある画像ファイルのサムネイルが表示されるようになる**のです。いちいちフォルダーを開かなくても、どんなファイルが保管されているのかひと目で確認できるようになります。画像ファイルは最大２つまで表示されます。

私は仕事で、このフォルダーのサムネイル機能をよく利用しています。**仕事は案件ごとにフォルダーを分けて管理しており、各フォルダーには画像ファイルを１つだけ保存**します。すると、フォルダーのアイコンが画像に変わるので、まるでショッピングサイトのようになるのです。フォルダー名を見なくても、どの案件かがわかるようになるので探しやすくなります。ぜひ試してみてください。

フォルダーに画像が表示されている

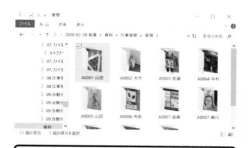

> フォルダーを開かなくても中にある画像を確認可能。
> フォルダーが探しやすくなる

フォルダー内

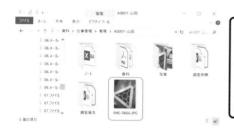

> 上記の各フォルダーの中は画像ファイル1つと複数のフォルダーで構成されている。
> 画像ファイル以外を複数のフォルダーの中に保管。
> こうすることで画像の縮小版がフォルダーに表示される

画像ファイルのアイコンが画像の縮小版でない場合の対処法

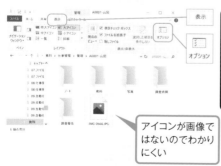

> アイコンが画像ではないのでわかりにくい

> フォルダーの「表示」→「オプション→「表示」→「詳細設定」→「常にアイコンを表示し、縮小版は表示しない」のチェックを外す。
> これで画像の縮小版がアイコンに表示される

73

検索テクニックを駆使する

絞り込み機能をフル活用する

ファイル検索機能はファイルとフォルダーの両方を一度に探せて便利なのですが、名前だけを入力して検索すると膨大な数の検索結果が表示されます。

そんなときは、**「検索ツール」で検索対象を絞り込むと便利**です。ここでは主な絞り込みテクニックを紹介します。

(1) フォルダーで絞り込む

「分類」から「フォルダー」を選択します。するとファイルやショートカットは検索対象から外れます。

(2) ファイルの種類で絞り込む

分類にはドキュメント、ピクチャ、ビデオなどもあります。「ドキュメント」を選べば検索対象が Word や PDF などの文書ファイルに絞り込まれます。「ピクチャ」では JPEG や GIF などの画像ファイルに絞り込まれ、「ビデオ」ではさまざまなフォーマットの動画ファイルに絞り込まれます。

(3) ファイルのサイズで絞り込む

ファイルには数 KB と軽いものや、100MB、1GB と重いものなど、いろいろなサイズがあります。サイズごとに絞り込めば、重いサイズの長編動画などを検索したいとき便利です。

(4) その他プロパティで絞り込む

ファイルのプロパティ情報を元に絞り込むこともできます。例えば「種類」に「pdf」と書けば PDF ファイルのみを検索できます。「pdf.docx」といったファイル名は検索対象外となります。

検索ツールの絞り込み機能の紹介

最初に検索欄を
クリック

すべてを検索すると件数が膨大なので、検索ツールで絞り込む。
ここでは分類、サイズ、その他のプロパティを紹介する

分類で絞り込み

 分類 ▾ ➡

ジャンルは23種類。
主に4つを使用

フォルダー ── フォルダーのみに絞り込み

ドキュメント ── 文書、PDF や Word などに絞り込み

ピクチャ ── 画像、JPEG や GIF などに絞り込み

ビデオ ── 動画、MPEG や AVI などに絞り込み

サイズで絞り込み

 サイズ ▾ ➡

ファイルのデータサイ
ズを7つの範囲で区
分け

空 (0 KB)
かなり小さい (0 - 16 KB)
小さい (16 KB - 1 MB)
中程度 (1 - 128 MB)
大きい (128 MB - 1 GB)
かなり大きい (1 - 4 GB)
巨大 (>4 GB)

写真なら100KBから4MB、
動画なら100MBから2GB
で絞り込み。
画像を大量に用いたドキュメン
トの絞り込みにも有効

その他のプロパティ

☐ その他のプロパティ ▾ ➡

種類や名前で絞り込み。
主に2つを使用

(種類)
(名前)
フォルダーのパス
タグ

種類はファイルの種類、「pdf」
で PDF に絞り込み

名前はファイル名で絞り込み

74

ファイルは開かなくても印刷できる

≫「右クリック」して印刷を選択

　ここではファイルを開かずに印刷するテクニックを紹介します。紙の申請書類など、いちいち開かずに印刷できるので手間を省くことができます。方法は簡単。**印刷したいファイルのアイコンの上で「右クリック」、あとは「印刷」を選択すれば完了**です。

　注意点としては、この方法で印刷すると一発で印刷されてしまうことです。つまり、印刷設定を行ったり、印刷プレビューを確認したりすることができないのです。例えばプリンターでの印刷を初期設定で選んでいたら、PDFで印刷するには設定を変える必要があります。また、印刷前にイメージを確認したいときもあります。そんなときは通常通りファイルを開いて印刷してください。

「右クリック」を使った印刷方法では、自動的に「既定のプリンター」から印刷されます。確認するには「設定画面」の「デバイス」、「プリンターとスキャナー」と進み、プリンター一覧のどのデバイスに「既定」と書かれているかをチェックします。

「既定のプリンター」を変えるには、設定したいプリンターを選択、「管理」を開いて「既定として設定する」をクリックします。プリンターによっては、「印刷設定」から両面印刷や白黒印刷に設定しておくこともできます。

　ファイルを開かずに中身を確認する方法もあります。**ファイルを選択して [Alt] ＋ [P] を押すと、ファイルのプレビューが表示され**、1ページ目を確認できます。ただし、表示されるのは印刷プレビューではないので、あくまでも中身の確認に使いましょう。

ファイルを開かずに一発で印刷する

ファイルのアイコンの上で「右クリック」

メニューの印刷を選択するとすぐに印刷可能。ファイルを開く必要なし

「既定のプリンター」から印刷される

「スタート」→「設定」→「デバイス」→「プリンターとスキャナー」

プリンター一覧で「既定」と書かれたデバイスから印刷される

プレビューでファイルの中身を確認

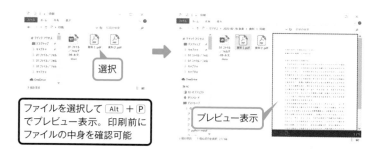

ファイルを選択して Alt + P でプレビュー表示。印刷前にファイルの中身を確認可能

プレビュー表示

75

仕事のスピードが上がる 管理方法

過去の仕事を最大限に活用する

　仕事を管理する方法は職場や人によってさまざまです。職場で使われている方法や独自で考えた方法などいろいろありますが、目的は仕事をうまく回すことだと思います。ただ、どんな方法を選んだとしても、一つ決定的に大事なことがあります。それは、**過去の仕事の記録をすぐに見つけられること**です。これができれば仕事のスピードが格段に上がります。

　私は過去14年間、特許の調査を800件以上行ってきました。これらの調査記録はすべてフォルダーに残しており、**いつでも検索できるように Excel に帳簿をつけています**。なぜこのようにするかというと、今日の仕事を早く終わらせるためです。

　特許の調査では似たような依頼が多くあり、それらを一からやり直すのは大変です。そこで過去の似たような仕事を帳簿で探し、その報告書や資料が保管されているフォルダーを調べます。調査は通常2週間ほどかかりますが、以前の資料をそのまま使えるときは1時間で終わることもあります。過去の仕事は私にとって財産です。

　仕事のスピードをさらに上げてくれるのが、ハイパーリンクです。案件ごとのフォルダーが800個もあると、目的のフォルダーまでたどり着くのは大変です。そこで、**帳簿にフォルダーと紐づくハイパーリンクを挿入します**。この方法を使えば、帳簿から目当てのフォルダーへすぐに移動できます。この仕事管理方法は、昔から論文などで使われているものを Excel で行っているだけです。単純ですがおすすめなので、ぜひ試してください。

仕事管理　帳簿とフォルダー

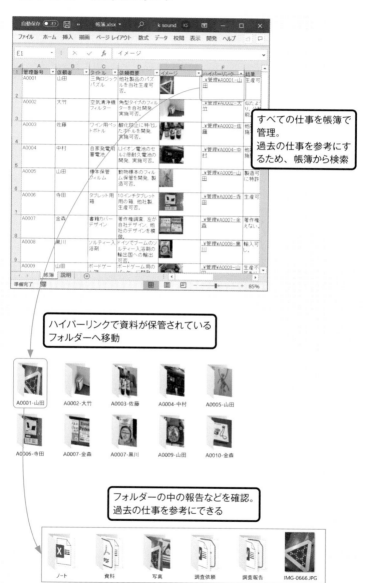

すべての仕事を帳簿で
管理。
過去の仕事を参考にす
るため、帳簿から検索

ハイパーリンクで資料が保管されている
フォルダーへ移動

A0001-山田　A0002-大竹　A0003-佐藤　A0004-中村　A0005-山田

A0006-寺田　A0007-金森　A0007-黒川　A0009-山田　A0010-金森

フォルダーの中の報告などを確認。
過去の仕事を参考にできる

ノート　資料　写真　調査依頼　調査報告　IMG-0666.JPG

76

増えすぎたファイルを
スッキリさせる仕組み

》》「ゴミ」フォルダーで一括削除

　パソコンで仕事をしていると、いつの間にか大量のファイルを作成していた、なんてことはよくあります。例えば1つの資料を作るのに、「たたき台」「正式版」「修正済み正式版」と作業の工程に応じてファイルを分ける方法があります。最終的に使われるのは「修正済み正式版」ですが、残りの2つのファイル（ここでは作業ファイルと呼びます）もあとで使うかもしれないのでとっておきたいとします。

　このとき2つの問題が生じます。1つはどのファイルを最終的に使えばいいのかがわかりづらく、混乱の元になることです。もう1つは作業ファイルを保存するのにハードディスクの容量が使われることです。

　実際は作業ファイルを使うことはほとんどないので、いつでも削除できるような仕組みを作る必要があります。ここでは簡単にできる仕組みを紹介しましょう。

　案件のフォルダー内に「ゴミ」という名前のフォルダーを作成、あとは作業ファイルをこのフォルダーに入れて保管すれば完了です。すると、どのファイルが正式ファイルなのかがひと目でわかります。また、作業ファイルを見たかったら「ゴミ」フォルダー内を確認します。

　この方法は、ハードディスクの容量を空けたいときにも便利です。**フォルダー検索で「ゴミ」と入力すれば、「ゴミ」フォルダーをすべて探し出せる**ので、一気に削除することができます。

「ゴミ」フォルダーでファイルを管理する

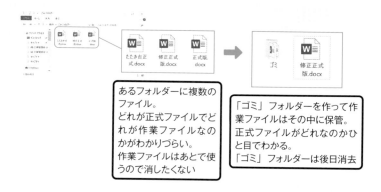

あるフォルダーに複数の
ファイル。
どれが正式ファイルでど
れが作業ファイルなの
かがわかりづらい。
作業ファイルはあとで使
うので消したくない

「ゴミ」フォルダーを作って作
業ファイルはその中に保管。
正式ファイルがどれなのかひ
と目でわかる。
「ゴミ」フォルダーは後日消去

「ゴミ」フォルダーを削除してハードディスクを空ける方法

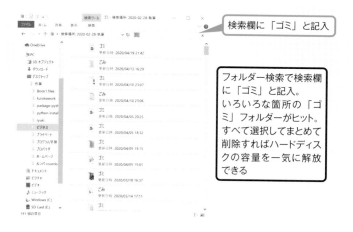

検索欄に「ゴミ」と記入

フォルダー検索で検索欄
に「ゴミ」と記入。
いろいろな箇所の「ゴ
ミ」フォルダーがヒット。
すべて選択してまとめて
削除すればハードディス
クの容量を一気に解放
できる

「ファイル／フォルダー」ショートカットキー

Alt + ←	1つ前に選択したフォルダーに移動
Alt + →	上記の操作の前の状態に戻す
Alt + ↑	一階層上のフォルダーに移動
Ctrl + Z	元に戻す
Ctrl + Y	元に戻したあとでやり直す
Shift + Delete	ゴミ箱経由なしの削除
Ctrl + 「ドラッグアンドドロップ」	ファイル／フォルダーのコピー作成
Alt + 「ドラッグアンドドロップ」	ファイル／フォルダーのショートカット作成
Alt + P	プレビュー表示
Ctrl + Shift + 1	特大アイコン表示
Ctrl + Shift + 3	中アイコン表示
Ctrl + Shift + 5	一覧表示
F2	ファイル名／フォルダー名変更
Alt + D	フォルダーのパスを選択
Ctrl + Enter	フォルダーを別画面で表示
Ctrl + Shift + N	新規フォルダー作成

8章

面倒な仕事は
プログラムに任せよう

「面倒な事務作業を代わりにやってくれる人はい
ないかな……」

そんなことを考えている方は多いのではないで
しょうか？　単調で眠たくなる作業をやり続けるの
は本当に苦労します。

そこでプログラムを使えば、単調な事務作業を簡単
に自動化することができます。

「プログラム」というと難しそうに聞こえるかもし
れません。でも実際にはそんなことはなく誰にでも簡
単に使うことができます。この章ではAIにも使われ
るPython（パイソン）というプログラムを、初めて
の方にもわかりやすくかみ砕いて解説します。

また、この本で紹介するプログラムとその詳しい解
説は以下のサイトにも載せますので、参考に覗いてみ
てください。

https://www.kousoku-pc-shigotojutsu.com

Python の導入

まずは Python の導入方法から解説します。

Python を使用するにあたっては、以下の手順で導入を行います。

1.   Python のインストール

2.   モジュールの追加

3.   プログラム作成の基本

4.   プログラムの中断方法

1. Python のインストール

1 － 1. Windows の確認

Python をダウンロードする前に自分のパソコンの Windows が 32 ビット版と 64 ビット版のどちらかを確認します。これによってダウンロード対象も変わるからです。以下のように確認してください。

Windows が 32 ビットか 64 ビットか確認

「スタート」→「設定」→「システム」→「バージョン情報」→「デバイスの仕様」

システムの種類   64 ビット オペレーティング システム、x64 ベース プロセッサ

1 － 2. Python のダウンロード

Python を公式サイトからダウンロードします。Python にはいろいろなバージョンがあるので、どれをダウンロードすればよいかわからないと思います。私は Python3 の最新バージョンを推奨します。ここでは 2020 年 5 月時点での最新バージョン（3.8.2）を例にダウンロードしていきましょう。以下のサイトにアクセスしてください。

https://www.python.org/downloads/release/python-382/

このサイトの一番下にある「Files」という見出しの表からダウンロードをします。ここで Windows のビット数によってダウンロードの対象が変わりますので注意ください。

64 ビット：Windows x86-64 executable installer
32 ビット：Windows x86 executable installer
データサイズは 26MB ほどです。

179

1 － 3．Python のインストール

ダウンロードしたファイルをダブルクリックしてインストールを
開始します。

ダウンロードしたファイル（64 ビット版）。
ダブルクリックしてインストール開始

python-3.8.2-amd64
.exe

インストールの開始画面が表示されます。このとき「Add Python
3.8 to PATH」にチェックを入れてから「Install Now」をクリック
します。

インストールは約２分で完了します。完了したら「Close」をク
リックします。

「Close」をクリック

インストールされたら、スタートメニューにあるアプリのPグループにPython3.8があるかを確認します。

これでインストールは完了です。

2. モジュールの追加

Pythonを起動する前に、他に2つのプログラムをダウンロードしてインストールをします。pyautoguiとpyperclipです。

pyautoguiはマウスとキーボードの操作や、メッセージボックスの表示などができるようになるプログラムであり、pyperclipは文字をコピーして貼り付けたりすることができるプログラムです。こ

れらはパソコンの自動化で非常に役に立ちます。このように、追加
するプログラムをモジュールといいます。

　インストールするには Windows PowerShell（パワーシェル）を
使います。スタートメニューの W グループにある Windows
PowerShell を「右クリック」し、「管理者として実行する」をクリ
ックしてください。

　Windows PowerShell の画面が起動します。

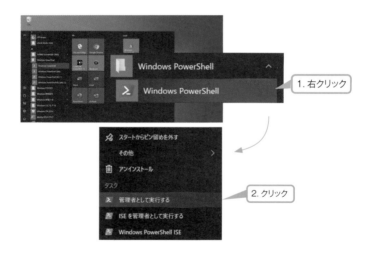

この画面の「>」の横に以下を入力して Enter を押します。

py -m pip install pyperclip

インストールが始まり2分ほど経つと「Successfully installed」
というメッセージが出てきます。そこに対象のプログラムが表示さ
れていたらインストールの完了です。

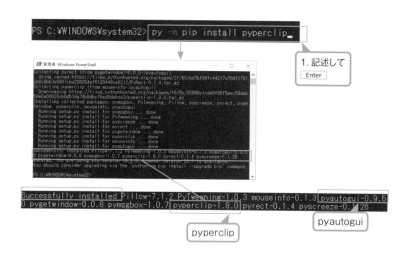

1. 記述して
Enter

pyperclip

pyautogui

3. プログラム作成の基本

　Pythonでプログラムを作成するのに使うIDLEという簡易的な開発用アプリがあります。IDLEはPythonと一緒にインストールされているので、スタートメニューのPグループのPython3.8からIDLEを起動してください。

　IDLEはよく使うので、スタートメニューにピン留めしておきます。

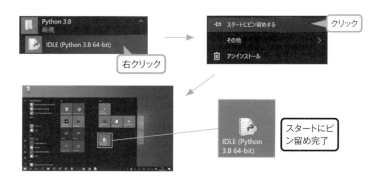

　IDLEを起動すると次のような画面が表示されます。この画面をIDLEのシェルといいます。この画面の「>>>」の横にプログラムを入力することができます。

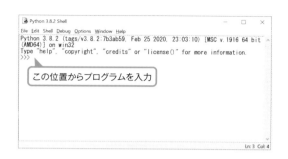

この位置からプログラムを入力

ここでシェルを使ってプログラムの基本的な使い方を紹介します。

3 - 1. 数値・計算

　いきなりですが、3*2 と入力して Enter を押してください。計算結果が表示されます。

```
>>> 3*2
6
```

　このように入力した結果をすぐに返してくれます。なお、入力は半角英数で行ってください。

3 - 2. 文字

　文字を入力することもできます。例えば「太郎」を表示させたいときは「'太郎'」と入力します。

```
>>> '太郎'
'太郎'
>>>
```

　入力するときは文字を必ず「'」(クォーテーション) で囲ってください。「'」は Shift + 7 で入力します。

Chapter 8 面倒な仕事はプログラムに任せよう

また文字と文字を＋でつなげることもできます。

```
>>> ' 太郎'+' さん'
' 太郎さん'
>>>
```

なお文字は数値と扱いが異なります。例えば「9」と入力したら数値の9として扱われますが、「'9'」と入力したら文字の9として扱われます。つまり「9+9」と「'9'+'9'」では答えが違ってきますので注意してください。

3 － 3. 変数

再びいきなりですが、a=3*2 と入力して Enter を押してください。何も起こりませんが、そのあと a と入力して Enter を押してみてください。計算結果が表示されます。

これは a という変数の中に計算結果を入れ、その後変数 a を入力することで中身を表示しています。変数とは入れ物のことで、a はその名前であり、= を使って入れ物の中身を設定します。

文字も同じように変数に入れることができます。変数 a に「太郎」と入力しても同じように作動します。

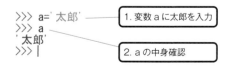

変数の名前は自由に付けられますが以下のルールがあります。

使える文字：アルファベット、数字、_（アンダーバー）のみ

注意１：頭文字は数値以外（OK例：a7、_7、NG例：7a）

注意２：プログラムで使うキーワード以外（NG例：for、if、def）

3－4. 関数

関数とはあらかじめ作成済みのプログラムのことです。複雑なプログラムを一から作成するのは大変ですが、すでに先輩プログラマーが作成した関数を無償で提供してくれているので、誰でも簡単に何度でも利用することができます。例えば変数bを「太郎さん」と設定し、その文字数を数えたいときはlen()という関数を使います。()内にbを入力してlen(b)で実行すると、4という数値が得られます。

```
>>> len(b)
4
>>> |
```

関数 len() の（）内に b を入力
変数 b には「太郎さん」の４文字
文字数を計算して表示

プログラムは主にこのような関数を組み合わせて作ります。また、独自に関数を作ることもできますが、それは実践のときに紹介します。

3－5. モジュール

モジュールとは便利な関数がたくさん入ったプログラムファイルのことです。Pythonはそのままでも使えますが、他のモジュールを追加することでいろいろなことができるようになります。前述のpyautoguiとpyperclipもモジュールの1つです。

例えば pyautogui を利用するときには以下のように import pyautogui と入力します。

```
>>> import pyautogui
>>> |
```

　この時点では何も反応はありませんが、これで pyautogui の中にある関数が利用できるようになりました。試しに関数を使って 〖⊞〗 を自動で押すプログラムを作成します。以下のようにプログラムを入力して 〖Enter〗 を押してください。スタート画面が自動的に表示されるようになります。

```
>>> import pyautogui
>>> pyautogui.press('win')
```

pyautogui.press('win') を追記

スタート画面が表示される

　モジュールの中にある関数を使うときのルールですが、モジュール名と関数名を「.」でつないで使います。つまり pyautogui.press() は pyautogui モジュールの press() 関数を使うということになります。press() 関数にはキーを押す機能があり、() 内に押したいキーを入力します。ここでは 〖⊞〗 の 'win' と設定しています。

3－6. 制御文

　プログラムは上から順に処理されていきますが、処理を繰り返したり、条件によって処理の内容を変えたりすることができます。例えば先ほどの 〖⊞〗 を押す処理を 10 回繰り返したいときは、以下のように入力します。

```
>>> import pyautogui
>>> for kaisuu in range(10):
        pyautogui.press('win')
```

> 繰り返しの制御文
> range(10) で 10 回繰り返す

　処理を繰り返す制御文は for で始まります。for では他の 4 つの
キーワード「kaisuu」「in」「range()」「:」をスペースで区切って入
力します。ここで重要なのは () の中の 10 で、10 回処理を繰り返す
ことを意味します。[Enter] を押して実行するとスタート画面が 10
回連続して表示されます。

　注意としては、for のすぐ下の行を字下げすることです。字下げ
されていないと繰り返し対象から外れてしまいます。

```
>>> import pyautogui
>>> for kaisuu in range(10):
        pyautogui.press('win')
```

> 字下げ

字下げは [Space]4 回分、もしくは [Tab]1 回分です。

3 - 7. ファイル作成

　IDLE のシェルでもプログラムは作成できましたが、ちゃんとし
たプログラムを作るにはファイルを作成してからプログラムを入力
して保存する必要があります。ファイルを作成するにはシェル上部
「File」の「New File」をクリック、もしくは [Ctrl] + [N] を押します。
作成するとメモ帳のような画面が開きますが、この画面をエディ
ターといい、ここにプログラムを入力していきます。

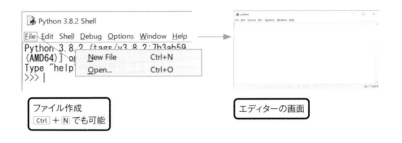

ファイル作成
`Ctrl` + `N` でも可能

エディターの画面

このエディターに先ほどのプログラムを作成します。

ファイルにプログラムを入力

これを「File」の「Save As」をクリックもしくは `Ctrl` + `Shift` + `S` で名前を付けて保存します。ここではデスクトップに test という名前で保存してください。

名前を付けて保存
`Ctrl` + `Shift` + `S` でも可能

なお上書き保存したい場合は「Save」もしくは `Ctrl` + `S` ででき
ます。

保存したファイルを開きたいときは「File」の「Open」もしくは
`Ctrl` + `O` でできます。

3-8. プログラムの実行

　保存が済んだらプログラムを実行します。実行はエディターの「Run」の「Run Module」をクリック、もしくは F5 を押します。

　すると画面がエディターからシェルに切り替わり、プログラムが実行され、前回と同様にスタート画面が自動で表示されます。

3-9. エラー対応

　プログラムに誤りがあるときは、シェルに赤字でエラーメッセージが表示されます。エラーは英語で表示されますが、「line」と書かれたところの数値を見れば対処できます。

```
================ RESTART: C:/Users/Kiichi/Desktop/test.py ================
Traceback (most recent call last):
  File "C:/Users/Kiichi/Desktop/test.py", line 2, in <module>
    pyautogui.pres('win')
AttributeError: module 'pyautogui' has no attr...
>>>
```

エラーの行。2行目

ここでは「line 2」と書かれています。そこでエディターの2行目を見てみると、press と書くべきところを誤って pres と書いているのがわかります。

　エディターで何行目かを調べるには、右下の「Ln：」と書かれた数値を確認します。いま何行目にカーソルがあるのかが表示されます。

　もしくはエディターの「Option」の「Show Line Numbers」をクリックすれば、エディターの横に行番号が表示されます。

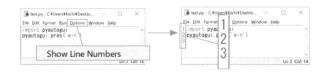

　なお、先ほどファイルをデスクトップに保存したので、デスクトップには「test.py」（もしくは test）というファイルがあるはずです。これをダブルクリックしてもプログラムが実行されます。

ダブルクリックで実行

スタート画面が表示される

　アイコンから実行した場合は黒い画面が表示されます。これを閉じるとプログラムも終了するので閉じないでください。プログラムが終われば黒い画面も消えます。

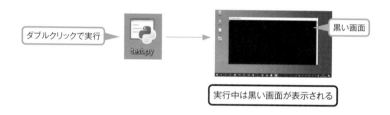

ダブルクリックで実行

黒い画面

実行中は黒い画面が表示される

4. プログラムの中断方法

　ここではプログラムを中断する方法を4つ紹介します。疑似暴走プログラムとして、以下のような ⊞ を100回押すプログラムファイルを作成し、実際にプログラムを中断してみます。

```
import pyautogui
for kaisuu in range(100):
    pyautogui.press('win')
```

100回繰り返し

　前述の制御文のところで出てきた for 文を使って range() の () 内を 100 とし、100回繰り返すようにしています。このプログラムを

実行するとスタート画面が100回高速で表示されます。

1つ目の中断方法は、マウスのポインターを画面左上に移動して止める方法です。

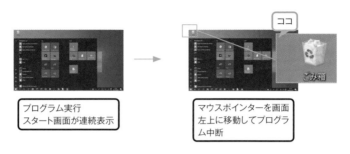

これはpyautoguiの中断機能で、フェールセーフ（Fail safe）といいます。pyautoguiの関数が実行されているときにマウスのポインターが画面左上にあると中断される仕組みです。

2つ目の中断方法は、[⊞] + [L] でロック画面に切り替える方法です。これもpyautoguiのフェールセーフ機能です。

3つ目の中断方法は、[Ctrl] + [C] を何回か押す方法です。これはPythonに備わっている強制終了の機能です。タイミングによっては中断ができないので、根気よく何回か押してみましょう。

4つ目の中断方法は、プログラムをファイルのアイコンからダブルクリックで実行したときに、表示される黒いウィンドウ画面を閉じる方法です。またここで [Ctrl] + [C] を押しても中断することができます。

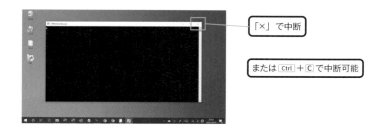

「×」で中断

または Ctrl ＋ C で中断可能

　プログラム導入の解説は以上となります。あとは実際にプログラムを使ってみましょう。

77

Webサイトの閲覧を
自動化する

プログラムにスクロールを任せてしまう

　Webサイトの閲覧中に下へのスクロールを繰り返すことはない
でしょうか？　最近のWebサイトには、ページの一番下まで移動
すると自動的にページが追加されるものがあり、そのまま読み続け
ることができて便利です。Yahoo!ニュースやFacebook、Google
の画像検索がそうした作りになっています。

　**自動でページが追加されるWebサイトを閲覧するときは、スク
ロールを自動化させてしまうと便利**です。手を使わずにどんどん次
のページに進んでいくので、まるでテレビを見ているかのようにご
飯を食べたりエクササイズをしたりしながらWebサイトを閲覧で
きます。

　余談ですが、私は特許の調査をするときにこの自動化テクニック
を使います。調査は特許庁のWebサイトで行い、1日に数千ページ
を閲覧するのでよく腱鞘炎になっていたのですが、この自動化テク
ニックのおかげでそれがなくなりました。

　自動化の大まかな流れです。

　1. 閲覧したいWebサイトを表示しておきます。

　2. Pythonプログラムを起動します。

　3. プログラムがWebサイトを3秒おきに下にスクロールしてい
きます。

　4. 止めたいときにプログラムを停止して終了します。

　プログラムはこの章の始めに紹介したサイトからダウンロードす
ることができます。

Web サイトを自動スクロールして閲覧するイメージ

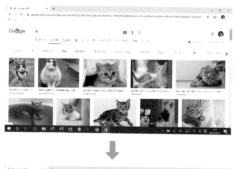

Web サイトを
表示（Google
の画像検索の
結果一覧）

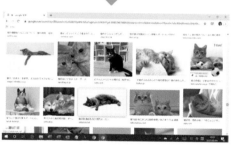

プログラム開始。
3 秒待って下にスクロー
ルすることを繰り返す。
止めたいときに停止し
て終了。
マウスやキーボードを操
作しなくても閲覧可能

事前準備

Web サイトを表示

プログラムのおおまかな流れ

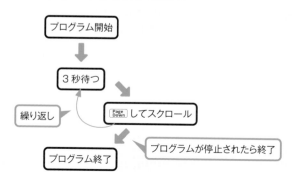

プログラム開始

3 秒待つ

繰り返し

Page
Down してスクロール

プログラムが停止されたら終了

プログラム終了

プログラム

```
import pyautogui
import sys

pyautogui.PAUSE = 1

check = pyautogui.confirm('3 秒ごとに自動で下にスクロールする
プログラムです。起動しますか？')
if check == 'Cancel':
        pyautogui.alert(' プログラムを中断します ')
        sys.exit()

pyautogui.alert('OK を押すと 5 秒後にスクロールが 3 秒ごとに 20
回実行されます。')
pyautogui.sleep(5)

for kaisuu in range(20):
        pyautogui.sleep(3)
        pyautogui.press('pagedown')

pyautogui.alert(' プログラムを終了します。')
sys.exit()
```

78

大量の画像データの 文字起こしを自動で行う

》》「OnlineOCR」とプログラムを使う

名刺や紙に書かれた文字をテキストデータで取り込みたいときに、いちいち手入力をするのは面倒です。そんなときは **OCR を使うと断然速くできます**。OCR とは、画像から文字を読み取ってテキストデータを作成する文字起こし機能のことです。

最近では Web サイトからも利用でき、読み取り精度も上がっているためどんどん便利になっています。私がよく使う OCR サイトは「OnlineOCR」です。

https://onlineocr.net/ja

この Web サイトに画像ファイルをアップロードするとテキストデータが表示されます。あとはそれをコピーすれば完了です。

このサイトと Python のプログラムを利用して、複数の画像ファイルをテキストデータとして自動で保存していきます。

自動化の大まかな流れです。

1. 事前に文字起こしをしたい紙の文書を画像か PDF などのファイルで保存しておき、それらのパスをコピー（47 項参照）します。

2. Python プログラムを起動します。

3. プログラムが OnlineOCR を起動させたあと、ファイルのアップロード、テキストデータの取得、保存を繰り返します。

4. すべてのファイルを処理したら終了します。

プログラムはこの章の始めに紹介したサイトからダウンロードすることができます。

※ブラウザは Google Chrome を使用してください。

OnlineOCR で文字起こしをする

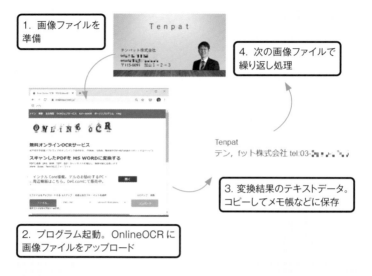

1. 画像ファイルを準備

4. 次の画像ファイルで繰り返し処理

3. 変換結果のテキストデータ。コピーしてメモ帳などに保存

Tenpat
テン，fット株式会社 tel:03-

2. プログラム起動。OnlineOCR に画像ファイルをアップロード

事前準備

対象の画像ファイルのパスをコピーしておく。複数可

プログラムのおおまかな流れ

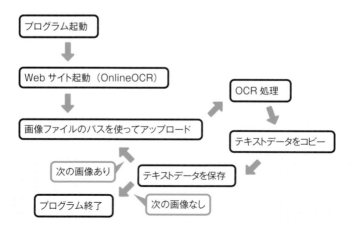

プログラム起動

Web サイト起動（OnlineOCR）

画像ファイルのパスを使ってアップロード

OCR 処理

テキストデータをコピー

次の画像あり

テキストデータを保存

次の画像なし

プログラム終了

プログラム

```
import pyautogui
import pyperclip
import sys
import webbrowser

pyautogui.PAUSE = 1

def kakunin_kansuu(bunsyou):
    kaitou = pyautogui.confirm(bunsyou)
    if kaitou == 'Cancel':
        pyautogui.alert(' プログラムを中断します。')
        sys.exit()

kakunin_kansuu(' 画像ファイルを OCR で読むプログラムです。起
動しますか？ ')

kakunin_kansuu(' 対象の画像ファイルのパスをコピーしてから OK
してください。')

tekisuto = pyperclip.paste()

risuto = tekisuto.splitlines()
risutosuu = len(risuto)

kakunin_kansuu(' このパスでいいですか？ ¥n' + str(risutosuu) +"
```

件 ¥n" + tekisuto)
webbrowser.open('https://www.onlineocr.net/ja/')
pyautogui.sleep(5)
kakunin_kansuu('ブラウザは起動されましたか？中断する場合はキ
ャンセルしてください。')

```
for pasu in risuto:
        pyautogui.press('f3')
        pyperclip.copy(' ファイル …')
        pyautogui.hotkey('ctrl','v')
        pyautogui.press('enter')
        pyautogui.press('esc')
        pyautogui.press('¥t')
        pyautogui.press('enter')
        pyautogui.sleep(5)

        pyperclip.copy(pasu)
        pyautogui.hotkey('ctrl','v')
        pyautogui.press('enter')
        pyautogui.sleep(5)

        pyautogui.press('¥t')
        pyautogui.press('¥t')
        pyautogui.press('j')

        pyautogui.press('¥t')
        pyautogui.press('t')
```

```
    pyautogui.press('\t')
    pyautogui.press('enter')
    pyautogui.sleep(10)

    pyautogui.press('\t')
    pyautogui.press('\t')
    pyautogui.press('\t')
    pyautogui.press('enter')
    pyautogui.sleep(5)

pyautogui.alert(' プログラムを終了します。')
sys.exit()
```

79

テキストデータから必要な
情報だけを自動で残す

30 min 短縮

≫ 経費精算などに使えるテクニック

　この項では、Web サイトなどでまとめてコピーしたテキストデータから、必要な情報だけを自動で抽出するテクニックを紹介します。次項で紹介するテクニックと併せて使えば、**経費精算などにかかる時間が断然短くなります。**

　例えば交通費の清算をするとき、経路や料金を Yahoo! 路線情報などの Web サイトから調べます。Web サイトで出発駅と到着駅を記入して検索すると 3 通りほどの結果が表示され、それぞれの経路と料金を確認できます。ここから必要なデータを一つ一つコピーして Excel に貼り付けますが、この作業を大量に行うのは面倒です。

　そんなときは必要なデータだけを自動でコピーできると便利です。**検索結果のテキストデータをすべてコピーしたあと、プログラムで駅と料金のデータだけを残せば作業が楽になります。**

　自動化の大まかな流れです。

　1. 事前に Yahoo! 路線情報で経路を検索しておき、検索結果の画面のテキストデータをまとめてコピーしておきます。

　2. Python プログラムを起動します。

　3. プログラムがテキストデータの中から料金と駅名を抽出し、そのデータをコピーします。

　4. プログラムを終了し、コピーされたデータを Excel に貼り付ければ完了です。

　プログラムはこの章の始めに紹介したサイトからダウンロードすることができます。

Yahoo! 路線情報のデータから駅名と料金だけ自動で抽出する

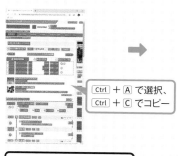

おうちで楽しむ、マンガ、ドラマ、お買い物
Yahoo! JAPANヘルプ
ウェブ検索
検索
Yahoo!路線情報
ユーザーアイコン
ログイン設定

0ポイント

【ヤフオク!】プレミアムセレクション

路線情報（乗換案内・時刻表・路線図）道路交通情報
乗換案内運行情報駅情報時刻表情報対応履歴路線図(Y
路線情報トップ）ルート、運賃検索結果

大宮（埼玉県）→六本木
【light】ほかに候補があります
出発地：　　到着地：六本木駅
1本前
2020年05月01日（金）12:04出発
1本後
[早] 到着時刻順
[楽] 乗換回数順
[安] 料金の安い順

Ctrl + A で選択、Ctrl + C でコピー

1. Web サイトの検索結果のテキストデータをすべてコピー

コピーしたテキストデータには要らない文字ばかり。プログラムを使う

ルート1 729円　　大宮（埼玉県）　　ＪＲ湘南新宿ライン・逗子
ルート2 1,743円　大宮（埼玉県）　　ＪＲ特急きぬがわ4号・新
ルート3 693円　　大宮（埼玉県）　　ＪＲ湘南新宿ライン・逗子

欲しいデータのみに整理され、再度コピーされる

事前準備

Yahoo! 路線情報で検索しておき、文字データをすべてコピーしておく

プログラムのおおまかな流れ

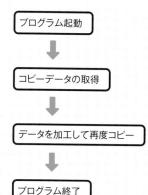

プログラム起動

↓

コピーデータの取得

↓

データを加工して再度コピー

↓

プログラム終了

プログラム

```
import pyautogui
import pyperclip
import sys

def kakunin_kansuu(bunsyou):
    kaitou = pyautogui.confirm(bunsyou)
    if kaitou == 'Cancel':
        pyautogui.alert(' プログラムを中断します。')
        sys.exit()

kakunin_kansuu('Yahoo の路線情報でデータを整理するプログラムです。起動しますか？ ')

kakunin_kansuu('Yahoo の路線情報で検索し、その結果をすべてコピーして OK を押してください。')

tekisuto = pyperclip.paste()
risuto = tekisuto.splitlines()

kekka = ' ルート ¥t 出発駅 ¥t 到着駅 ¥t 料金 ¥t 経路 ¥n'
ruuto = ''
syuppatu = ''
toucyaku = ''
ryoukin = ''
keiro = ''
```

```python
for gyou in risuto:
    if gyou.startswith('ルート'):
        ruuto = gyou
    elif '[priic]IC優先：' in gyou:
        kokokara = gyou.find('[priic]IC優先：')+12
        kokomade = gyou.find('円')
        ryoukin = gyou[kokokara:kokomade]
    elif '[dep]¥t' in gyou:
        kokokara = gyou.find('[dep]¥t')+6
        kokomade = gyou.find(' ')
        syuppatu = gyou[kokokara:kokomade]
    elif '¥t[train]¥t' in gyou:
        kokokara = gyou.find('¥t[train]¥t')+9
        kokomade = gyou.find(' ')
        keiro = keiro + '→ ' + gyou[kokokara:kokomade] + '駅 '
    elif gyou.startswith('[train]'):
        kokokara = gyou.find('[train]')+7
        keiro = keiro + gyou[kokokara:] + ' '
    elif gyou.startswith('[walk]'):
        kokokara = gyou.find('[walk]')+6
        keiro = keiro + gyou[kokokara:] + ' '
    elif gyou.endswith('円'):
        keiro = keiro + gyou + ' '
    elif gyou.startswith('[arr]¥t'):
        kokokara = gyou.find('[arr]¥t')+6
        kokomade = gyou.find(' ')
```

```
                toucyaku = gyou[kokokara:kokomade]
                    kekka = kekka + ruuto + '¥t' + syuppatu +'¥t' +
toucyaku +'¥t' + ryoukin +'¥t' + keiro +'¥n'
                ruuto = ''
                syuppatu = ''
                toucyaku = ''
                ryoukin = ''
                keiro = ''

pyperclip.copy(kekka)
pyautogui.alert(' 結果 ¥n'+kekka)

pyautogui.alert(' プログラムを終了します。')
sys.exit()
```

80

Excel のデータを Web のフォームに自動で入力

》》 面倒な入力作業はプログラムに任せよう

前項では必要なテキストデータを Excel に抽出しました。この項では、データを会社の経理や経費精算などに使う Web システムに入力する方法を紹介します。

例えば交通費の精算システムを使う場合は、まず入力フォームの新規作成をして、表示された各項目に入力して登録します。各項目には、乗車日、出発駅、到着駅、経路、料金、備考などがありますが、これらを毎回手入力するのは面倒です。そんなときは Excel と Python を使いましょう。

まずは **Excel で帳簿を作ってテキストデータを記録** しておきます。前項のテクニックを使えば簡単にできます。こうしておけば、過去の清算データを流用することができるため、コピーして乗車日だけを変えれば処理が楽になるのです。**あとはプログラムを起動して自動でフォームに入力できます。** 次ページの例ではあまり項目数は多くありませんが、項目数が増えれば増えるほどこのテクニックが活躍します。

自動化の大まかな流れです。

1. Excel から交通費の精算に必要なデータをコピーします。
2. 会社の交通費精算システムを起動します。
3. Python プログラムを起動します。
4. 精算システムの各入力欄にデータが自動で入力されます。

プログラムや交通費計算システムのサンプルは、この章の始めに紹介したサイトからダウンロードすることができます。

交通費精算システムへ Excel データをコピーする

1	申請日	出発駅	到着駅	料金	経路	
2	4月1日	大宮(埼玉	六本木	693円	ＪＲ高崎線(上野東京ライ	
3	4月15日	大宮(埼玉	六本木	651円	ＪＲ高崎線(上野東京ライ	

Excel からデータをコピー

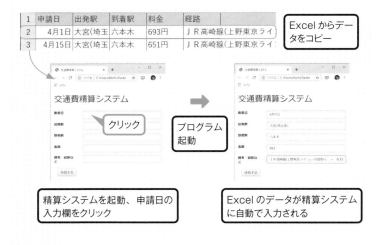

精算システムを起動、申請日の
入力欄をクリックする

Excel のデータが精算システム
に自動で入力される

事前準備

Excel からデータをコピーしておく。
精算システムを起動して乗車日の入力欄をクリックする

プログラムの大まかな流れ

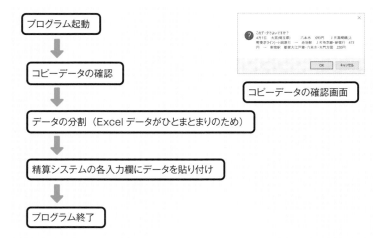

プログラム起動

↓

コピーデータの確認

コピーデータの確認画面

↓

データの分割（Excel データがひとまとまりのため）

↓

精算システムの各入力欄にデータを貼り付け

↓

プログラム終了

プログラム

```
import pyautogui
import pyperclip
import sys

pyautogui.PAUSE = 1

def kakunin_kansuu(bunsyou):
    kaitou = pyautogui.confirm(bunsyou)
    if kaitou == 'Cancel':
        pyautogui.alert(' プログラムを中断します。')
        sys.exit()

kakunin_kansuu(' 交通費精算システムに登録するプログラムです。
起動しますか？ ')

kakunin_kansuu('Excel からデータをコピーして OK をしてくださ
い。')

mojiretu = pyperclip.paste()

kakunin_kansuu(' このデータでよいですか？ ' + mojiretu)

risuto = mojiretu.split('¥t')

kakunin_kansuu(' 交通費精算システム画面を起動してください。
```

¥nOK を押したら 10 秒後にプログラムを実行しますので、交通費
精算システム画面でお待ちください。')
pyautogui.sleep(10)

pyautogui.press('f3')
pyperclip.copy(' 乗車日 ')
pyautogui.hotkey('ctrl','v')
pyautogui.press('enter')
pyautogui.press('esc')
pyautogui.press('¥t')

pyperclip.copy(risuto[0])
pyautogui.hotkey('ctrl', 'v')
pyautogui.press('tab')

pyperclip.copy(risuto[1])
pyautogui.hotkey('ctrl', 'v')
pyautogui.press('tab')

pyperclip.copy(risuto[2])
pyautogui.hotkey('ctrl', 'v')
pyautogui.press('tab')

pyperclip.copy(risuto[3])
pyautogui.hotkey('ctrl', 'v')
pyautogui.press('tab')

```
pyperclip.copy(risuto[4])
pyautogui.hotkey('ctrl', 'v')

pyautogui.alert(' プログラムを終了します。')
sys.exit()
```

おわりに

　近い将来、私たちの仕事は AI や RPA などのプログラムロボットに奪われてしまうと言われています。少子化で働き手が少ないことへの打開策です。

　しかし、これらのシステムの導入には高いコストがかかり、会社が導入してくれない限りは人手も AI もない状態となります。そのため、いまが働く人にとっては一番厳しい状況だと思います。

　そんなとき、本書が少しでもみなさんの仕事の時短に役立つことを切に願います。

　本書を読んでわからないことや、パソコン仕事に関してご相談されたいことがあれば、お気軽に下記のメールアドレスまでご連絡ください。
info@kousoku-pc-shigotojutsu.com

　最後に、私の執筆中にいろいろなサポートやフォローをしてくれた奥さんへ心から感謝します。ありがとう。

黒川希一郎

企画協力	ネクストサービス　松尾昭仁
ブックデザイン	石垣由梨（Isshiki）
DTP	横内俊彦
校正	池田研一

黒川　希一郎（くろかわ・きいちろう）

1977年、埼玉県出身。

某大手製造企業で膨大な調査時間を要する特許業務を、13年間たった一人で担当。

2000件以上の仕事をすべてExcelで管理する、パソコン仕事時短マニア。これまでに特許出願を100件、特許調査を800件、知的財産研修を20回以上開催。会社の人材不足により担当業務とは別に雑務を1000件以上任され、クリックのし過ぎで腱鞘炎を発症する。膨大な業務を抱える中で、「マウスを使わない時短術」、「Excelのハイパーリンクを使った仕事管理術」、「簡単なプログラミングを使った業務自動化術」を編み出し、大幅な時短に成功。ピンチを脱する。以来、パソコン仕事の時短化にはまる。現在は毎日定時で帰り、家族で過ごす時間が増えるとともに、趣味のマラソンやゲーム、料理を楽しむ日々を送る。モットーは「すべてのパソコン仕事は時短化できる」。

視覚障害その他の理由で活字のままでこの本を利用出来ない人のために、営利を目的とする場合を除き「録音図書」「点字図書」「拡大図書」等の製作をすることを認めます。その際は著作権者、または、出版社までご連絡ください。

仕事の「質」と「スピード」が劇的に変わる
高速パソコン仕事術

2020年7月26日　初版発行

著　者　黒川希一郎
発行者　野村直克
発行所　総合法令出版株式会社
〒103-0001　東京都中央区日本橋小伝馬町15-18
ユニゾ小伝馬町ビル9階
電話　03-5623-5121
印刷・製本　中央精版印刷株式会社

総合法令出版ホームページ　http://www.horei.com/